*à M. Victor Tournel*
*hommage sympathique*
*de l'éditeur   Jules Bonnassies*

# ORAISONS FUNÈBRES

DE

# BOSSUET

*IL A ÉTÉ TIRÉ :*

| | | |
|---|---|---|
| 2 | Exemplaires fur *parchemin* (1 & 2). | |
| 10 | — | papier du *Japon* (1 à 10). |
| 20 | — | — *Whatman* (1 à 20). |
| 16 | — | — de *Chine véritable* (1 à 16). |
| 754 | — | — de *Hollande*. |
| 802 | | |

Les exemplaires fur *parchemin, Japon, Whatman & Chine* contiennent une épreuve, *avant lettre*, fur leur papier refpectif.

Paris. — Imprimerie Motteroz, rue du Dragon, 31.

Puynier d'après Ficquet et Savard　　　　　　　　　Housste imp. Paris

*BOSSUET*

# Les Éditions Originales

DES

## ORAISONS FUNÈBRES

PORTRAIT SUR ACIER

*D'après FICQUET & SAVARD* par

PAQUIEN

LETTRES ORNÉES, FLEURONS, CULS-DE-LAMPE, PAR L. M.

PARIS

JULES BONNASSIES, 32, RUE SERPENTE

M. DCCC. LXXVII

# ORAISON FVNEBRE

DE

## HENRIETTE MARIE

# DE FRANCE

## Reine de la Grand' Bretagne

*Prononcée le 16. Novembre 1669. en preſence
de* Monsieur, *Frere unique du Roi,
& de* Madame

EN L'ÉGLISE DES RELIGIEUSES DE SAINCTE MARIE
DE CHALLIOT
OU REPOSE LE CŒUR DE SA MAJESTÉ

Par Monsieur l'Abbé BOSSUET

Nommé à l'Eveſché de Condom.

## A PARIS

Chez Sébastien MABRE-CRAMOISY

IMPRIMEUR DU ROY, RUE S. JACQUES

### Aux Cicognes

M DC LXIX

*Avec Privilege de Sa Maieſté*

# ORAISON FVNE'BRE

DE LA REINE

DE LA

# GRAND'BRETAGNE

*Et nunc Reges, intelligite; erudimini qui judicatis terram.* Pſal. 2.

Maintenant, ô Rois, apprenez; inſtruiſez-vous, Juges de la Terre.

Monseignevr,

ELUI qui regne dans les Cieux, & de qui relevent tous les Empires, à qui ſeul appartient la gloire, la Majeſté, & l'indépendance, eſt auſſi le ſeul qui ſe glorifie de faire la loi aux Rois, & de leur donner, quand il lui plaît, de grandes & de terribles leçons. Soit qu'il éleve les Trônes, ſoit qu'il les abaiſſe; ſoit qu'il communique ſa puiſſance aux Princes, ſoit qu'il la retire à lui-même, & ne leur laiſſe

que leur propre foibleffe : il leur apprend leurs devoirs d'une maniére fouveraine & digne de lui. Car en leur donnant fa puiffance, il leur commande d'en ufer comme il fait lui-même pour le bien du monde ; & il leur fait voir en la retirant que toute leur Majefté eft empruntée, & que pour être affis fur le Trône, ils n'en font pas moins fous fa main, & fous fon autorité fuprême. C'eft ainfi qu'il inftruit les Princes, non-feulement par des difcours & par des paroles, mais encore par des effets, & par des exemples. *Et nunc Reges intelligite; erudimini qui judicatis terram.*

Chrétiens, que la memoire d'une grande Reine, Fille, Femme, Mere de Rois fi puiffans, & Souveraine de trois Roiaumes, appelle de tous côtez à cette trifte cérémonie; ce difcours vous fera paroître un de ces exemples redoutables, qui étalent aux yeux du monde fa vanité toute entiére. Vous verrez dans une feule vie toutes les extrémitez des chofes humaines : La félicité fans bornes, auffi bien que les miferes ; une longue & paifible jouïffance d'une des plus nobles Couronnes de l'Univers ; tout ce que peuvent donner de plus glorieux la naiffance & la grandeur accumulé fur une tefte, qui en fuite eft expofée à tous les outrages de la fortune : la bonne caufe d'abord fuivie de bons fuccés, & depuis, des retours foudains; des changemens inouïs ; la rebellion long-temps retenüe, à la fin tout-à-fait maîtreffe; nul frein à la licence; les Loix abolies; la Majefté violée par des attentats jufques alors inconnus; l'ufurpation & la tirannie fous le nom de liberté ; une Reine fugitive, qui ne trouve aucune retraitte dans trois Roiaumes, & à qui fa propre Patrie n'eft plus qu'un trifte lieu d'éxil; neuf voiages fur Mer entrepris par une Princeffe malgré les tempeftes : l'Ocean étonné de fe voir traverſé tant de fois en des appareils ſi divers, & pour des cauſes ſi différentes; un Trône indignement renverſé, & miraculeuſement rétabli. Voilà les enſeignemens que Dieu donne aux Rois : Ainſi fait-il voir au monde le néant de ſes pompes, & de ſes grandeurs. Si les paroles nous manquent; ſi les expreſſions ne répondent pas à un ſujet ſi vaſte, & ſi relevé; les choſes parleront aſſez d'elles-mêmes. Le cœur d'une grande Reine, autrefois élevé par une ſi longue ſuite de proſpéritez, & puis plongé tout à coup dans un abîme d'amertumes, parlera aſſez haut : Et s'il n'eſt pas permis aux particuliers de faire des leçons aux Princes ſur des évenemens ſi étranges, un Roi me preſte ſes paroles pour leur dire; *Et nunc Reges intelligite ; erudimini qui judicatis terram :* Entendez, ô Grands de la terre, inſtruiſez-vous arbitres du monde.

Mais la ſage & religieuſe Princeſſe qui fait le ſujet de ce diſcours, n'a pas été ſeulement un ſpectacle propoſé aux hommes, pour y eſtudier les conſeils de la Divine Providence, & les fatales revolutions des Monarchies; elle s'eſt inſtruite elle-même, pendant que Dieu inſtruiſoit les Princes par ſon exemple fameux. J'ay déjà dit que ce grand Dieu les enſeigne, & en leur donnant, & en leur oſtant leur puiſſance. La Reine, dont nous parlons, a également entendu deux leçons ſi oppoſées; c'eſt à dire, qu'elle a uſé chrétiennement de la bonne & de la mauvaiſe fortune. Dans l'une elle a été bienfaiſante, dans l'autre elle s'eſt montrée toûjours invincible. Tant qu'elle a été heureuſe, elle a fait ſentir ſon pouvoir au monde par des bontez infinies; quand la fortune l'eût abandonnée, elle s'enrichit plus que jamais elle-même de vertus : Tellement qu'elle a perdu pour ſon propre bien cette puiſſance Roiale qu'elle avoit pour le bien des autres; & ſi ſes Sujets, ſi ſes

Alliez, fi l'Eglife univerfelle a profité de fes grandeurs, elle-même a fçeu profiter de fes malheurs & de fes difgraces plus qu'elle n'avoit fait de toute fa gloire. C'eft ce que nous remarquerons dans la vie éternellement memorable de tres-haute, tres-excellente & tres-puiffante Princeffe Henriette Marie de France, Reine de la Grand'Bretagne.

Quoi que perfonne n'ignore les grandes qualitez d'une Reine, dont l'Hiftoire a rempli tout l'Univers, je me fens obligé d'abord à les rappeler en vôtre memoire, afin que cette idée nous ferve pour toute la fuite du difcours. Il feroit fuperflu de parler au long de la glorieufe naiffance de cette Princeffe : On ne void rien fous le Soleil qui en égale la grandeur. Le Pape S. Gregoire a donné dés les premiers fiécles cét Eloge fingulier à la Couronne de France ; qu'elle eft autant au-deffus des autres Couronnes du monde, que la Dignité Roiale furpaffe les fortunes particuliéres. Que s'il a parlé en ces termes du temps du Roi Childebert, & s'il a élevé fi haut la race de Merovée : jugez ce qu'il auroit dit du Sang de S. Louis, & de Charlemagne. Iffuë de cette race, fille de Henry le Grand, & de tant de Rois, fon grand cœur a furpaffé fa naiffance. Toute autre place qu'un Trône eût été indigne d'elle. A la verité elle eût de quoi fatisfaire à fa noble fierté, quand elle vit qu'elle alloit unir la Maifon de France, à la Roiale Famille des Stuarts, qui eftoient venus à la fucceffion de la Couronne d'Angleterre par une fille de Henry VII. mais qui tenoient de leur Chef, depuis plufieurs fiécles, le Sceptre d'Ecoffe, & qui defcendoient de ces Rois Antiques, dont l'origine fe cache fi avant dans l'obfcurité des premiers temps. Mais fi elle eût de la joye de regner fur une grande Nation, c'eft parce qu'elle pouvoit contenter le defir immenfe, qui fans ceffe la follicitoit à faire du bien. Elle eût une magnificence Roiale, & l'on eût dit qu'elle perdoit ce qu'elle ne donnoit pas. Ses autres vertus n'ont pas été moins admirables. Fidele dépofitaire des plaintes & des fecrets, elle difoit que les Princes devoient garder le même filence que les Confeffeurs, & avoir la même difcrétion. Dans la plus grande fureur des Guerres Civiles, jamais on n'a douté de fa parole, ni defefperé de fa clemence. Quelle autre a mieux pratiqué cét art obligeant, qui fait qu'on fe rabaiffe fans fe dégrader, & qui accorde fi heureufement la liberté avec le refpect? Douce, familiére, agréable, autant que ferme & vigoureufe, elle fçavoit perfuader & convaincre, auffi bien que commander, & faire valoir la raifon non moins que l'autorité. Vous verrez avec quelle prudence elle traitoit les affaires; & une main fi habile eût fauvé l'Etat, fi l'Etat eût pu eftre fauvé. On ne peut affez louër la magnanimité de cette Princeffe. La fortune ne pouvoit rien fur elle; ni les maux qu'elle a préveûs, ni ceux qui l'ont furprife, n'ont abatu fon courage. Que diray-je de fon attachement immuable à la Religion de fes Anceftres? Elle a bien fçeû reconnoître que cét attachement faifoit la gloire de fa Maifon, auffi bien que celle de toute la France, feule Nation de l'Univers, qui depuis douze fiécles prefque accomplis, que fes Rois ont embraffé le Chriftianifme, n'a jamais veû fur le Trône que des Princes enfans de l'Eglife. Auffi a-t-elle toûjours déclaré, que rien ne feroit capable de la détacher de la Foi de S. Louïs. Le Roi fon mari lui a donné, jufques à la mort, ce bel éloge, qu'il n'y avoit que le feul point de la Religion, où leurs cœurs fuffent defunis; & confirmant par fon témoignage la piété de la Reine, ce Prince très-éclairé a fait connoître en même temps à toute la terre, la tendreffe, l'amour conjugal, la fainte

& inviolable fidelité de son Epouse incomparable.

Dieu qui rapporte tous ses conseils à la conservation de sa sainte Eglise, & qui fecond en moiens, employe toutes choses à ses fins cachées, s'est servi autrefois des chastes attraits de deux saintes Heroïnes, pour delivrer ses fideles des mains de leurs ennemis. Quand il voulut sauver la ville de Béthulie, il tendit en la beauté de Judith un piége imprévû, & inévitable à l'aveugle brutalité d'Holoferne. Les graces pudiques de la Reine Esther eurent un effet aussi salutaire, mais moins violent. Elle gagna le cœur du Roi son mari; & fit d'un Prince infidele, un illustre protecteur du Peuple de Dieu. Par un conseil à peu prés semblable, ce grand Dieu avoit préparé un charme innocent au Roi d'Angleterre, dans les agrémens infinis de la Reine son Épouse. Comme elle possedoit son affection (car les nuages qui avoient paru au commencement furent bientôt dissipez) & que son heureuse fécondité redoubloit tous les jours les sacrez liens de leur amour mutuelle : sans commettre l'autorité du Roi son Seigneur, elle emploioit son crédit à procurer un peu de repos aux Catholiques accablez. Dés l'âge de quinze ans elle fut capable de ces soins : & seize années d'une prospérité accomplie, qui coulérent sans interruption, avec l'admiration de toute la terre, furent seize années de douceur pour cette Eglise affligée. Le crédit de la Reine obtint aux Catholiques ce bonheur singulier & presque incroiable, d'être gouvernez successivement par trois Nonces Apostoliques qui leur apportoient les consolations, que reçoivent les enfans de Dieu de la communication avec le Saint Siége. Le Pape Saint Grégoire écrivant au pieux Empereur Maurice, lui represente en ces termes les devoirs des Rois Chrétiens : *Sçachez, ô grand Empereur, que la Souveraine Puissance vous est accordée d'enhaut, afin que* la *Vertu foit aidée, que les voies du Ciel foient élargies, & que l'Empire de la Terre ferve à l'Empire du Ciel.* C'eſt la vérité elle même qui lui a dicté ces belles paroles. Car qu'y a-t'il de plus convenable à la puiſſance, que de ſecourir la Vertu ? A quoi la force doit-elle ſervir, qu'à défendre la raiſon ? Et pourquoi commandent les hommes, ſi ce n'eſt pour faire que Dieu ſoit obéi ? Mais ſurtout, il faut remarquer l'obligation ſi glorieuſe que ce grand Pape impoſe aux Princes, d'élargir les voies du Ciel. JESUS-CHRIST a dit dans ſon Evangile, que le chemin eſt étroit qui méne à la vie ; & voici ce qui le rend ſi étroit. C'eſt que le Juſte, ſevére à lui-même, & perſecuteur irreconciliable de ſes propres paſſions, ſe trouve encore perſecuté par les injuſtes paſſions des autres ; & ne peut pas même obtenir que le monde le laiſſe en repos dans ce ſentier ſolitaire & rude, où il grimpe plûtôt qu'il ne marche. Accourez, dit Saint Gregoire, Puiſſances du ſiécle : voiez dans quel ſentier la vertu chemine ; doublement à l'étroit, & par elle-même, & par l'effort de ceux qui la perſecutent : ſecourez-la, tendez-lui la main : puiſque vous la voiez déjà fatiguée du combat qu'elle ſoûtient au-dedans contre tant de tentations qui accablent la nature humaine, mettez-la du moins à couvert des inſultes du dehors. Ainſi vous élargirez un peu les voies du Ciel, & rétablirez ce chemin, que ſa hauteur & ſon aſpreté rendront toûjours aſſez difficile.

Mais ſi jamais l'on peut dire que la voie du Chrétien eſt étroite ; c'eſt, MESSIEVRS, durant les perſecutions. Car que peut-on imaginer de plus malheureux que de ne pouvoir conſerver la foi, ſans s'expoſer au ſupplice, ni ſacrifier ſans trouble, ni chercher Dieu qu'en tremblant ? Tel eſtoit l'état déplorable des Catholiques Anglois. L'erreur, & la nouveauté ſe faiſoient entendre dans toutes les Chaires; & la doctrine ancienne, qui, felon l'oracle de l'Evangile, doit être prêchée jufques fur les toits, pouvoit à peine parler à l'oreille. Les enfans de Dieu étoient étonnez de ne voir plus ni l'Autel, ni le Sanctuaire, ni ces Tribunaux de mifericorde, qui juftifient ceux qui s'accufent. O douleur! Il falloit cacher la pénitence avec le même foin qu'on eût fait les crimes; & Jesvs-Christ même fe voioit contraint, au grand malheur des hommes ingrats, de chercher d'autres voiles, & d'autres tenebres, que ces voiles, & ces tenebres myftiques, dont il fe couvre volontairement dans l'Euchariftie. A l'arrivée de la Reine, la rigueur fe ralentît, & les Catholiques refpirerent. Cette Chapelle Roiale qu'elle fit bâtir avec tant de magnificence dans fon palais de Sommerfet, rendoit à l'Eglife fa premiére forme. Henriette digne fille de S. Louis, y animoit tout le monde par fon exemple; & y foûtenoit avec gloire par fes retraites, par fes priéres, & par fes dévotions, l'ancienne réputation de la Tres-Chrétienne Maifon de France. Les Prêtres de l'Oratoire, que le grand Pierre de Bérulle avoit conduits avec elle, & aprés eux les Peres Capucins, y donnerent par leur piété, aux Autels, leur veritable décoration; & au Service Divin, fa Majefté naturelle. Les Prêtres & les Religieux, zelez & infatigables Pafteurs de ce troupeau affligé, qui vivoient en Angleterre pauvres, errans, traveftis, *defquels auffi le monde n'eftoit pas digne*, venoient reprendre avec joie les marques glorieufes de leur profeffion dans la Chappelle de la Reine; & l'Eglife defolée, qui autrefois pouvoit à peine gemir librement, & pleurer fa gloire paffée, faifoit retentir hautement les Cantiques de Sion dans une terre étrangére. Ainfi la pieufe Reine confoloit la captivité des Fideles, & relevoit leur efpérance.

Quand Dieu laiffe fortir du puis de l'abîme la fumée

qui obfcurcit le Soleil, felon l'expreffion de l'Apocalypfe, c'eft à dire, l'erreur & l'heréfie ; quand pour punir les fcandales, ou pour réveiller les Peuples & les Pafteurs, il permet à l'efprit de feduction de tromper les ames hautaines, & de répandre par tout un chagrin fuperbe, une indocile curiofité, & un efprit de révolte ; il détermine dans fa fageffe profonde les limites qu'il veut donner au malheureux progrés de l'erreur, & aux fouffrances de fon Eglife. Je n'entreprends pas, Chrétiens, de vous dire la deftinée des Heréfies de ces derniers fiécles, ni de marquer le terme fatal, dans lequel Dieu a refolu de borner leur cours. Mais fi mon jugement ne me trompe pas ; fi rapellant la memoire des fiécles paffez, j'en fais un jufte rapport à l'état prefent : j'ofe croire, & je voi les fages concourir à ce fentiment, que les jours d'aveuglement font écoulez, & qu'il eft temps deformais que la lumiére revienne. Lorfque le Roi HENRI VIII, Prince en tout le refte accompli, s'égara dans les paffions qui ont perdu Salomon, & tant d'autres Rois, & commença d'ébranler l'autorité de l'Eglife : les fages lui dénoncerent qu'en remuant ce feul point, il mettoit tout en peril, & qu'il donnoit contre fon deffein une licence effrénée aux âges fuivans. Les fages le prévirent ; mais les fages font-ils crûs en ces temps d'emportement, & ne fe rit-on pas de leurs Propheties ? Ce qu'une judicieufe prévoiance n'a pû mettre dans l'efprit des hommes, une maîtreffe plus impérieufe, je veux dire l'expérience, les a forcez de le croire. Tout ce que la Religion a de plus faint, a été en proie. L'Angleterre a tant changé, qu'elle ne fçait plus elle-même à quoi s'en tenir ; & plus agitée en fa terre & dans fes ports mêmes, que l'Ocean qui l'environne, elle fe voit inondée par l'effroiable débordement de mille Sectes bizarres. Qui fçait fi étant revenuë de fes erreurs prodigieufes

touchant la Roiauté, elle ne pouffera pas plus loin fes
réfléxions ; & fi ennuiée de fes changemens, elle ne re-
gardera pas avec complaifance l'état qui a précédé ? Cependant admirons ici la piété de la Reine, qui a fçeû fi
bien conferver les précieux reftes de tant de perfécu-
tions. Que de pauvres, que de malheureux, que de famille ruïnées pour la caufe de la Foi, ont fubfifté pendant tout le cours de fa vie, par l'immenfe profufion de
fes aumônes ! Elles fe répandoient de toutes parts jufqu'aux derniéres extrémitez de fes trois Roiaumes ; &
s'étendant par leur abondance, même fur les ennemis
de la Foi, elles adouciffoient leur aigreur, & les rame-
noient à l'Eglife. Ainfi non feulement elle confervoit,
mais encore elle augmentoit le peuple de Dieu. Les
converfions eftoient innombrables ; & ceux qui en ont
été témoins oculaires nous ont appris, que pendant trois
ans de féjour qu'elle a fait dans la Cour du Roi fon
Fils, fa feule Chapelle Roiale a veû plus de trois cens
convertis, fans parler des autres, abjurer faintement
leurs erreurs entre les mains de fes Aumôniers. Heureufe d'avoir confervé fi foigneufement l'étincelle de ce
feu divin que Jesvs eft venu allumer au monde ! Si
jamais l'Angleterre revient à foi, fi ce levain précieux
vient un jour à fanctifier toute cette maffe, où il a efté
mêlé par ces Roiales mains : la poftérité la plus éloignée
n'aura pas affez de loüanges pour célébrer les vertus de
la religieufe Henriette, & croira devoir à fa piété
l'ouvrage fi mémorable du rétabliffement de l'Eglife.

Que fi l'Hiftoire de l'Eglife garde chérement la memoire de cette Reine ; noftre Hiftoire ne taira pas les
avantages qu'elle a procurez à fa Maifon & à fa Patrie.
Femme & Mere tres-cherie & tres-honorée, elle a re-
concilié avec la France le Roi fon Mari, & le Roi fon
Fils. Qui ne fçait qu'aprés la memorable action de

l'Ifle de Ré, & durant ce fameux fiége de la Rochelle, cette Princeffe promte à fe fervir des conjonctures importantes, fît conclure la paix, qui empefcha l'Angleterre de continuer fon fecours aux Calviniftes revoltez? Et dans ces derniéres années, aprés que noftre grand Roi, plus jaloux de fa parole & du falut de fes Alliez que de fes propres interefts, eût déclaré la guerre aux Anglois; ne fut-elle pas encore une fage & heureufe Médiatrice? Ne réünit-elle pas les deux Roiaumes? Et depuis encore ne s'eft-elle pas appliquée en toutes rencontres à conferver cette même intelligence? Ces foins regardent maintenant vos Altesses Roiales : & l'exemple d'une grande Reine, auffi bien que le fang de France & d'Angleterre, que vous avez uni par vôtre heureux mariage, vous doit infpirer le defir de travailler fans ceffe à l'union de deux Rois qui vous font fi proches, & de qui la puiffance & la vertu peuvent faire le deftin de toute l'Europe.

Monseignevr, ce n'eft plus feulement par cette vaillante main & par ce grand cœur que vous acquererez de la gloire. Dans le calme d'une profonde Paix vous aurez des moiens de vous fignaler; & vous pouvez fervir l'Etat, fans l'alarmer, comme vous avez fait tant de fois, en expofant au milieu des plus grands hazards de la guerre une vie auffi précieufe, & auffi néceffaire que la vôtre. Ce fervice, Monseignevr, n'eft pas le feul qu'on attend de vous; & l'on peut tout efperer d'un Prince que la fageffe confeille, que la valeur anime, & que la juftice accompagne dans toutes fes actions. Mais où m'emporte mon zéle, fi loin de mon trifte fujet? Je m'arrefte à confidérer les vertus de Philippes, & ne fonge pas que je vous dois l'hiftoire des malheurs de Henriette.

J'avouë en la commençant, que je fens plus que jamais la difficulté de mon entreprife. Quand j'envifage de prés les infortunes inouïes d'une fi grande Reine, je ne trouve plus de paroles : & mon efprit rebuté de tant d'indignes traitemens qu'on a faits à la majefté & à la vertu, ne fe réfoudroit jamais à fe jetter parmi tant d'horreurs ; fi la conftance admirable avec laquelle cette Princeffe a foûtenu fes calamitez, ne furpaffoit de bien loin les crimes qui les ont caufées. Mais en même temps, Chrétiens, un autre foin me travaille. Ce n'eft pas un ouvrage humain que je médite. Je ne fuis pas ici un Hiftorien qui doive vous développer le fecret des cabinets, ni l'ordre des batailles, ni les interefts des partis : Il faut que je m'éleve au-deffus de l'homme, pour faire trembler toute créature fous les jugemens de Dieu. *J'entrerai* avec David *dans les puiffances du Seigneur* : & j'ai à vous faire voir les merveilles de fa main & de fes confeils ; confeils de jufte vengeance fur l'Angleterre ; confeils de mifericorde pour le falut de la Reine : mais confeils marquez par le doigt de Dieu, dont l'empreinte eft fi vive & fi manifefte dans les événemens que j'ai à traiter, qu'on ne peut réfifter à cette lumiére.

Quelque haut qu'on puiffe remonter, pour rechercher dans les hiftoires, les exemples des grandes mutations ; on trouve que jufques ici elles font caufées, ou par la molleffe, ou par la violence des Princes. En effet, quand les Princes négligeant de connoître leurs affaires & leurs armées, ne travaillent qu'à la chaffe, comme difoit cét Historien ; n'ont de gloire que pour le luxe, ni d'efprit que pour inventer des plaifirs ; ou quand emportez par leur humeur violente, ils ne gardent plus ni loix ni mefures, & qu'ils ôtent les égards & la crainte aux hommes, en faifant que les maux qu'ils fouffrent, leur paroiffent plus infuportables que ceux qu'ils prévoient : alors ou la licence exceſſive, ou la patience pouſſée à l'extrémité, menacent terriblement les Maiſons regnantes. CHARLES I. Roi d'Angleterre étoit juſte, modéré, magnanime, tres-inſtruit de ſes affaires & des moiens de regner. Jamais Prince ne fut plus capable de rendre la Roiauté, non-ſeulement venérable & ſainte, mais encore aimable & chere à ſes Peuples. Que lui peut-on reprocher, ſinon ſa clemence ? Je veux bien avouër de lui ce qu'un auteur celebre a dit de Ceſar, qu'il a eſté clement, juſqu'à être obligé de s'en repentir : *Cæſari proprium & peculiare ſit clementiæ inſigne, quâ uſque ad pœnitentiam omnes ſuperavit.* Que ce ſoit donc là, ſi l'on veut, l'illuſtre defaut de CHARLES auſſi bien que de Ceſar : mais que ceux qui veulent croire que tout eſt foible dans les malheureux & dans les vaincus, ne penſent pas pour cela nous perſuader que la force ait manqué à ſon courage, ni la vigueur à ſes conſeils. Pourſuivi à toute outrance par l'implacable malignité de la fortune, trahi de tous les ſiens, il ne s'eſt pas manqué à lui-même. Malgré les mauvais ſuccés de ſes armes infortunées, ſi on a pû le vaincre, on n'a pas pû le forcer : & comme il n'a jamais refuſé ce qui étoit raiſonnable, étant vainqueur ; il a toûjours rejetté ce qui étoit foible & injuſte, étant captif. J'ai peine à contempler ſon grand cœur dans ces derniéres épreuves. Mais certes il a montré qu'il n'eſt pas permis aux rebelles de faire perdre la majeſté à un Roi qui ſçait ſe connoître : & ceux qui ont veû de quel front il a paru dans la ſale de Weſtminſter & dans la place de Witthal, peuvent juger aiſément combien il étoit intrépide à la teſte de ſes armées, combien auguſte & majeſtueux au milieu de de ſon Palais & de ſa Cour. Grande Reine, je ſatisfais à vos plus tendres deſirs, quand je celebre ce Monarque : & ce cœur qui n'a jamais vêcu que pour lui, ſe réveille tout cendre qu'il eft, & devient fenfible, même fous ce drap mortuaire, au nom d'un Epoux fi cher ; à qui fes ennemis mêmes accorderont le titre de fage & celui de jufte, & que la pofterité mettra au rang des grands Princes, fi fon Hiftoire trouve des Lecteurs, dont le jugement ne fe laiffe pas maîtrifer aux événemens ni à la fortune.

Ceux qui font inftruits des affaires, étant obligez d'avouër que le Roi n'avoit point donné d'ouverture ni de prétexte aux excés facrileges dont nous abhorrons la memoire, en accufent la fierté indomtable de la Nation : & je confeffe que la haine des parricides pourroit jetter les efprits dans ce fentiment. Mais quand on confidére de plus prés l'hiftoire de ce grand Roiaume, & particuliérement les derniers Regnes, où l'on voit non feulement les Rois Majeurs, mais encore les Pupilles, & les Reines même fi abfoluës, & fi redoutées ; quand on regarde la facilité incroiable avec laquelle la Religion a été, ou renverfée, ou rétablie par Henri, par Edoüard, par Marie, par Elizabeth : on ne trouve, ni la Nation fi rebelle, ni fes Parlemens fi fiers & fi factieux. Au contraire on eft obligé de reprocher à ces Peuples, d'avoir été trop foûmis ; puis qu'ils ont mis fous le joug leur foi même & leur confcience. N'accufons donc pas aveuglément le naturel des habitans de l'Ifle la plus celébre du monde, qui, felon les plus fideles Hiftoires, tirent leur origine des Gaules : & ne croions pas que les Merciens, les Danois, & les Saxons, aient tellement corrompu en eux ce que nos Peres leur avoient donné de bon fang, qu'ils foient capables de s'emporter à des procedez fi barbares, s'il ne s'y eftoit mêlé d'autres caufes. Qu'eft-ce donc qui les a pouffez ? Quelle force, quel tranfport, quelle intemperie a caufé ces agitations & ces violences ? N'en doutons pas,

Chrétiens: Les fauſſes Religions, le libertinage d'eſprit, la fureur de diſputer des choſes divines ſans fin, ſans regle, ſans foûmiſſion, a emporté les courages. Voilà les ennemis que la Reine a eû à combattre, & que ni ſa prudence, ni ſa douceur, ni ſa fermeté, n'ont pû vaincre.

J'ai déja dit quelque choſe de la licence où ſe jettent les eſprits, quand on ébranle les fondemens de la Religion, & qu'on remuë les bornes une fois poſées. Mais comme la matiére que je traite me fournit un exemple manifeſte & unique dans tous les ſiécles de ces extrémitez furieuſes : il eſt, MESSIEVRS, de la neceſſité de mon ſujet, de remonter juſques au principe, & de vous conduire pas à pas par tous les excés où le mépris de la Religion ancienne, & celui de l'autorité de l'Egliſe, ont été capables de pouſſer les hommes.

Donc la ſource de tout le mal eſt, que ceux qui n'ont pas craint de tenter au ſiécle paſſé la reformation par le ſchiſme, ne trouvant point de plus fort rempart contre toutes leurs nouveautez, que la ſainte autorité de l'Egliſe, ont été obligez de la renverſer. Ainſi les Decrets des Conciles, la doctrine des Peres, & leur ſainte unanimité, l'ancienne tradition du Saint Siége & de l'Egliſe Catholique, n'ont plus été comme autrefois des Lois ſacrées & inviolables. Chacun s'eſt fait à ſoi-même un tribunal, où il s'eſt rendu l'arbitre de ſa croiance : & encore qu'il ſemble que les novateurs aient voulu retenir les eſprits, en les renfermant dans les limites de l'Ecriture Sainte ; comme ce n'a été qu'à condition que chaque Fidele en deviendroit l'interpréte, & croiroit que le Saint Eſprit lui en dicte l'explication, il n'y a point de particulier qui ne ſe voie autoriſé par cette doctrine à adorer ſes inventions, à conſacrer ſes erreurs, à appeller Dieu tout ce qu'il penſe. Dés lors a bien préveû que la licence n'aiant plus de frein, les Sectes se multiplieroient jusqu'à l'infini ; que l'opiniâtreté seroit invincible ; & que tandis que les uns ne cesseroient de disputer, ou donneroient leurs resveries pour inspirations, les autres fatiguez de tant de folles visions, & ne pouvant plus reconnoître la majesté de la Religion, dechirée par tant de Sectes, iroient enfin chercher un repos funeste, & une entiére indépendance, dans l'indifférence des Religions, ou dans l'Athéisme.

Tels, & plus pernicieux encore, comme vous verrez dans la suite, sont les effets naturels de cette nouvelle doctrine. Mais de même qu'une eau débordée ne fait pas par tout les mêmes ravages, parce que sa rapidité ne trouve pas par tout les mêmes panchans & les mêmes ouvertures : ainsi quoi que cét esprit d'indocilité & d'indépendance, soit également répandu dans toutes les Heréfies de ces derniers siécles, il n'a pas produit universellement les mêmes effets ; il a receû diverses limites, suivant que la crainte, ou les interests, ou l'humeur des particuliers & des nations, ou enfin la puissance Divine, qui donne quand il lui plaît des bornes secrettes aux passions des hommes les plus emportées, l'ont differemment retenu. Que s'il s'est montré tout entier à l'Angleterre, & si sa malignité s'y est déclarée sans reserve ; les Rois en ont souffert, mais aussi les Rois en ont été cause. Ils ont trop fait sentir aux Peuples que l'ancienne Religion se pouvoit changer. Les Sujets ont cessé d'en réverer les maximes, quand ils les ont veû ceder aux passions, & aux interests de leurs Princes. Ces terres trop remuées, & devenuës incapables de consistance, sont tombées de toutes parts, & n'ont fait voir que d'effroiables précipices. J'appelle ainsi tant d'erreurs témeraires & extravagantes qu'on voioit paroître tous les jours. Ne croiez pas que ce foit feulement la querelle de l'Epifcopat, ou quelques chicanes fur la Liturgie Anglicane, qui aient émeû les Communes. Tout cela n'étoit encore que de foibles commencemens, par où ces efprits turbulens faifoient comme un effai de leur liberté. Mais quelque chofe de plus violent fe remuoit dans le fond des cœurs : c'étoit un dégoût fecret de tout ce qui a de l'autorité, & une demangeaifon d'innover fans fin, aprés qu'on en a veû le premier exemple.

Ainfi les Calviniftes plus hardis que les Luthériens, ont fervi à établir les Sociniens qui ont été plus loin qu'eux, & dont ils groffiffent tous les jours le parti. Les Sectes infinies des Anabaptiftes font forties de cette même fource : & leurs opinions mêlées au Calvinifme ont fait naître les Indépendans, qui n'ont point eû de bornes ; parmi lefquels on voit les Trembleurs gens Fanatiques, qui croient que toutes leurs refveries leur font infpirées ; & ceux qu'on nomme Chercheurs, à caufe que dix-fept cens ans aprés Jesus-Christ ils cherchent encore la Religion, & n'en ont point d'arrêtée.

C'eft, Messievrs, en cette forte que les efprits une fois émûs tombant de ruines en ruines, fe font divifez en tant de fectes. En vain les Rois d'Angleterre ont crû les pouvoir retenir fur cette pante dangereufe, en confervant l'Epifcopat. Car que peuvent des Evèques, qui ont anéanti eux-mêmes l'autorité de leur Chaire, & la reverence qu'on doit à la fucceffion, en condamnant ouvertement leurs Prédeceffeurs, jufques à la fource même de leur Sacre ; c'eft-à-dire jufqu'au pape S. Gregoire, & au Saint Moine Auguftin fon Difciple, & le premier Apoftre de la Nation Angloife ? Qu'eft-ce que l'Epifcopat, quand il fe fépare de l'Eglife, qui eft fon tout, auffi bien que du Saint Siége, qui eft fon centre, pour s'attacher contre fa nature à la Roiauté comme à fon chef? Ces deux puiffances d'un ordre fi different ne s'uniffent pas, mais s'embaraffent mutuellement, quand on les confond enfemble : & la Majefté des Rois d'Angleterre feroit demeurée plus inviolable, fi contente de fes droits facrez, elle n'avoit point voulu attirer à foi les droits, & l'autorité de l'Eglife. Ainfi rien n'a retenu la violence des efprits feconds en erreurs : & Dieu, pour punir l'irreligieufe inftabilité de ces Peuples, les a livrez à l'intemperance de leur folle curiofité; en forte que l'ardeur de leurs difputes infenfées, & leur Religion arbitraire, eft devenuë la plus dangereufe de leurs maladies.

Il ne faut point s'étonner s'ils perdirent le refpect de la Majefté, & des Loix, ni s'ils devinrent factieux, rebelles, & opiniâtres. On énerve la Religion quand on la change, & on lui ofte un certain poids, qui feul eft capable de tenir les Peuples. Ils ont dans le fond du cœur je ne fçai quoi d'inquiet qui s'échape, fi on leur ofte ce frein neceffaire ; & on ne leur laiffe plus rien à mênager, quand on leur permet de fe rendre maîtres de leur Religion. C'eft de là que nous eft né ce prétendu regne de CHRIST, inconnu jufques alors au Chriftianifme, qui devoit anéantir toute Roiauté, & égaler tous les hommes ; fonge feditieux des Indépendans, & leur chimere impie & facrilege. Tant il eft vrai que tout fe tourne en revoltes, & en penfées feditieufes, quand l'autorité de la Religion eft anéantie. Mais pourquoi chercher des preuves d'une verité que le S. Efprit a prononcée par une fentence manifefte ? Dieu même menace les Peuples qui alterent la Religion qu'il a établie, de fe retirer du milieu d'eux, & par là de les livrer aux guerres civiles. Ecoutez comme il parle par la bouche du Prophete Zacharie: *Leur ame*, dit le Seigneur, *a varié envers moi*, quand ils ont fi fouvent changé la Religion ; *& je leur ai dit, je ne ferai plus vôtre Pafteur* : c'eft-à-dire, je vous abandonneray à vous-mêmes, & à vôtre cruelle deftinée ; & voiez la fuite. *Que ce qui doit mourir, aille à la mort ; que ce qui doit être retranché, foit retranché.* Entendez-vous ces paroles ? *Et que ceux qui demeureront, fe devorent les uns les autres.* O Prophetie trop réelle, & trop veritablement accomplie ! La Reine avoit bien raifon de juger qu'il n'y avoit point de moien d'ôter les caufes des guerres civiles, qu'en retournant à l'unité Catholique, qui a fait fleurir durant tant de fiécles l'Eglife & la Monarchie d'Angleterre, autant que les plus faintes Eglifes, & les plus illuftres Monarchies du monde. Ainfi quand cette pieufe Princeffe fervoit l'Eglife, elle croioit fervir l'Etat, & affeurer au Roi des ferviteurs, en confervant à Dieu des Fideles. L'expérience a juftifié fes fentimens ; & il eft vrai que le Roi fon fils n'a rien trouvé de plus ferme dans fon fervice, que ces Catholiques fi haïs, fi perfecutez, que lui avoit fauvez la Reine fa mere. En effet il eft vifible, que puifque la feparation, & la revolte contre l'autorité de l'Eglife, a été la fource d'où font dérivez tous les maux ; on n'en trouvera jamais les remédes que par le retour à l'unité, & par la foûmiffion ancienne. C'eft le mépris de cette unité qui a divifé l'Angleterre. Que fi vous me demandez comment tant de factions oppofées, & tant de Sectes incompatibles, qui fe devoient apparemment détruire les unes les autres, ont pû fi opiniâtrément confpirer enfemble contre le Trône Roial, vous l'allez apprendre.

Un homme s'eft rencontré d'une profondeur d'efprit incroiable, hypocrite rafiné autant qu'habile politique, capable de tout entreprendre & de tout cacher, également actif & infatigable dans la paix & dans la guerre, qui ne laiſſoit rien à la fortune de ce qu'il pouvoit lui ôter par conſeil & par prévoiance ; mais au reſte ſi vigilant, & ſi preſt à tout, qu'il n'a jamais manqué les occaſions qu'elle lui a preſentées ; enfin un de ces eſprits remuans & audacieux, qui ſemblent être nez pour changer le monde. Que le ſort de tels eſprits eſt hazardeux, & qu'il en paroît dans l'hiſtoire à qui leur audace a été funeſte ! Mais auſſi que ne font-ils pas, quand il plaît à Dieu de s'en ſervir ? Il fut donné à celui-ci de tromper les Peuples, & de prévaloir contre les Rois. Car comme il eût apperçeû que dans ce mélange infini de Sectes, qui n'avoient plus de regles certaines, le plaiſir de dogmatiſer ſans être repris ni contraint par aucune autorité Eccleſiaſtique ni ſeculiere, étoit le charme qui poſſedoit les eſprits : il ſçeût ſi bien les concilier par là, qu'il fit un corps redoutable de cét aſſemblage monſtrueux. Quand une fois on a trouvé le moien de prendre la multitude par l'apas de la liberté, elle ſuit en aveugle, pourveû qu'elle en entende ſeulement le nom. Ceux-ci occupez du premier objet qui les avoit tranſportez, alloient toûjours, ſans regarder qu'ils alloient à la ſervitude : & leur ſubtil conducteur, qui en combattant, en dogmatiſant, en mêlant mille perſonnages divers, en faiſant le Docteur & le Prophete, auſſi bien que le ſoldat & le Capitaine, vit qu'il avoit tellement enchanté le monde, qu'il étoit regardé de toute l'armée comme un Chef envoié de Dieu pour la protection de l'indépendance, commença à s'appercevoir qu'il pouvoit encore les pouſſer plus loin. Je ne vous raconterai pas la ſuite trop fortunée de ſes entrepriſes, ni ſes fameuſes victoires dont la vertu eſtoit indignée, ni cette longue tranquilité qui a étonné l'Univers. C'étoit le Conſeil de Dieu d'inſtruire les Rois à ne point quitter ſon Egliſe. Il vouloit découvrir par un grand exemple tout ce que peut l'herefie, combien elle eft naturellement indocile & indépendante, combien fatale à la Roiauté, & à toute autorité legitime. Au refte, quand ce grand Dieu a choifi quelqu'un pour être l'inftrument de fes deffeins, rien n'en arrête le cours ; ou il enchaîne, ou il aveugle, ou il domte tout ce qui eft capable de refiftance. *Je fuis le Seigneur*, dit-il par la bouche de Jeremie ; *c'eft moi qui ai fait la terre avec les hommes, & les animaux, & je la mets entre les mains de qui il me plaift. Et maintenant j'ai voulu foûmettre ces terres à Nabuchodonofor Roi de Babylone, mon ferviteur.* Il l'appelle fon ferviteur quoiqu'infidele, à caufe qu'il l'a nommé pour exécuter fes decrets. *Et j'ordonne*, pourfuit-il, *que tout lui foit foûmis, jufqu'aux animaux*. Tant il eft vrai que tout ploie, & que tout eft fouple quand Dieu le commande. Mais écoutez la fuite de la Prophetie. *Je veux que ces peuples lui obeïffent, & qu'ils obeïffent encore à fon fils, jufqu'à ce que le temps des uns & des autres vienne*. Voiez, Chrétiens, comme les temps font marquez, comme les generations font comtées : Dieu détermine jufquesquand doit durer l'affoupiffement, & quand auffi fe doit réveiller le monde.

Tel a été le fort de l'Angleterre. Mais que dans cette effroiable confufion de toutes chofes, il eft beau de confiderer ce que la grande Henriette a entrepris pour le falut de ce Roiaume ; fes voiages, fes negotiations, fes traittez, tout ce que fa prudence & fon courage oppofoient à la fortune de l'Etat, & enfin fa conftance par laquelle n'aiant pû vaincre la violence de la deftinée, elle en a fi noblement foûtenu l'effort. Tous les jours elle ramenoit quelqu'un des rebelles ; & de peur qu'ils ne fuffent malheureufement engagez à faillir toûjours, parce qu'ils avoient failli une fois, elle vouloit qu'ils trouvaffent leur refuge dans fa bonté, & leur fûreté dans sa parole. Ce fut entre ses mains que le Gouverneur de Scarborougk remit ce Port, & ce Château inacceſſible. Les deux Hothams pere & fils, qui avoient donné le premier exemple de perfidie, en refufant au Roi même les portes de la Fortereſſe, & du Port de Hull, choiſirent la Reine pour médiatrice, & devoient rendre au Roi cette Place avec celle de Béverlei. Mais ils furent prévenus, & décapitez : & Dieu qui voulut punir leur honteuſe deſobeïſſance par les propres mains des rebelles, ne permit pas que le Roi profitât de leur repentir. Elle avoit encore gagné un Maire de Londres, dont le credit étoit grand, & pluſieurs autres Chefs de la faction. Preſque tous ceux qui lui parloient, ſe rendoient à elle : & ſi Dieu n'eût point été inflexible, ſi l'aveuglement des Peuples n'eût pas été incurable, elle auroit gueri les eſprits ; & le parti le plus juſte auroit été le plus fort.

On ſçait, Messievrs, que la Reine a ſouvent expoſé ſa perſonne dans ces conférences ſecretes ; mais j'ay à vous faire voir de plus grands hazards. Les Rebelles s'étoient ſaiſis des Arſenaux & des Magazins ; & malgré la défection de tant de Sujets, malgré l'infame defertion de la milice même, il étoit encore plus aiſé au Roi de lever des ſoldats que de les armer. Elle abandonne pour avoir des armes & des munitions, non ſeulement ſes joiaux, mais encore le ſoin de ſa vie. Elle ſe met en mer au mois de Fevrier, malgré l'hiver & les tempeſtes ; & ſous prétexte de conduire en Hollande la Princeſſe Roiale, ſa fille aînée, qui avoit été mariée à Guillaume Prince d'Orange, elle va pour engager les Etats dans les intereſts du Roi, lui gagner des Officiers, lui amener des munitions. L'hiver ne l'avoit pas effraiée, quand elle partit d'Angleterre ; l'hiver ne l'arreſte pas onze mois aprés, quand il faut retourner auprés du Roi : mais le ſuccés n'en fut pas ſemblable. Je tremble au feul recit de la tempeſte furieuſe, dont ſa flotte fut batuë durant dix jours. Les Matelots allarmez en perdirent l'eſprit de fraieur, & quelques-uns d'entre eux ſe précipitérent dans les ondes. Elle toûjours intrépide, autant que les vagues étoient émeuës, raſſûroit tout le monde par ſa fermeté. Elle excitoit ceux qui l'accompagnoient à eſpérer en Dieu qui faiſoit toute ſa confiance; & pour éloigner de leur eſprit les funeſtes idées de la mort qui ſe preſentoit de tous côtez, elle diſoit avec un air de ſérénité qui ſembloit déja ramener le calme, que les Reines ne ſe noioient pas. Hélas! elle eſt réſervée à quelque choſe de bien plus extraordinaire : & pour s'être ſauvée des flots, ſon naufrage n'en ſera pas moins déplorable. Elle vit perir ſes vaiſſeaux, & preſque toute l'eſpérance d'un ſi grand ſecours. L'Amiral, où elle étoit, conduit par la main de celui qui domine ſur la profondeur de la mer, & qui domte ſes flots ſoûlevez, fut repouſſé aux Ports de Hollande; & tous les Peuples furent étonnez d'une delivrance ſi miraculeuſe.

Ceux qui ſont échapez du naufrage, diſent un éternel adieu à la mer & aux vaiſſeaux; ils n'en peuvent même ſupporter la veuë. Ce ſont les paroles de Tertullien. Cependant onze jours aprés, ô réſolution étonnante! la Reine à peine ſortie d'une tourmente ſi épouventable, preſſée du deſir de revoir le Roi, & de le ſecourir, oſe encore ſe commettre à la furie de l'Ocean, & à la rigueur de l'hiver. Elle ramaſſe quelques vaiſſeaux qu'elle charge d'Officiers & de munitions, & repaſſe enfin en Angleterre. Mais qui ne ſeroit étonné de la cruelle deſtinée de cette Princeſſe? Aprés s'eſtre ſauvée des flots, une autre tempeſte lui fut preſque fatale. Cent piéces de canon tonnérent ſur elle à ſon arrivée, & la maifon où elle entra fut percée de leurs coups. Qu'elle eût d'affeurance dans cét effroiable peril! Mais qu'elle eût de clemence pour l'auteur d'un fi noir attentat! On l'amena prifonnier peu de temps aprés; elle lui pardonna fon crime, le livrant pour tout fupplice à fa confcience, & à la honte d'avoir entrepris fur la vie d'une Princeffe fi bonne & fi généreufe. Tant elle étoit au deffus de la vengeance, auffi bien que de la crainte. Mais ne la verrons nous jamais auprés du Roi, qui foûhaite fi ardemment fon retour? Elle brûle du même defir, & déja je la voi paroître dans un nouvel appareil. Elle marche comme un Général à la tefte d'une armée Roiale, pour traverfer des Provinces que les Rebelles tenoient prefque toutes. Elle affiége & prend d'affaut en paffant une Place confidérable qui s'oppofoit à fa marche; elle triomphe, elle pardonne; & enfin le Roi la vient recevoir dans une campagne, où il avoit remporté l'année précédente une victoire fignalée fur le Général Effex. Une heure aprés on apporta la nouvelle d'une grande bataille gagnée. Tout fembloit profpérer par fa prefence; les Rebelles étoient conflernez : & fi la Reine en eût été cruë, fi au lieu de divifer les armées Roiales, & de les amufer contre fon avis aux fiéges infortunez de Hull & de Glocefter, on eût marché droit à Londres, l'affaire étoit décidée, & cette campagne eût fini la.guerre. Mais le moment fut manqué. Le terme fatal approchoit; & le Ciel qui fembloit fufpendre, en faveur de la piété de la Reine, la vengeance qu'il méditoit, commença à fe déclarer. *Tu fçais vaincre*, difoit un brave Africain au plus rufé Capitaine qui fut jamais, *mais tu ne fçais pas ufer de ta victoire : Rome que tu tenois, t'échape ; & le deftin ennemi t'a ôté tantôt le moien, tantôt la penfée de la prendre.* Depuis ce malheureux moment tout alla vifiblement en décadence, & les affaires furent fans retour. La Reine qui fe trouva groffe, & qui ne pût par tout fon crédit faire abandonner ces deux fiéges, qu'on vit enfin fi mal réüffir, tomba en langueur, & tout l'Etat languit avec elle. Elle fut contrainte de fe feparer d'avec le Roi, qui étoit prefque affiégé dans Oxford, & ils fe dirent un adieu bien trifte, quoiqu'ils ne fçeuffent pas que c'étoit le dernier. Elle fe retire à Exeter, ville forte, où elle fut elle-même bien-tôt affiégée; elle y accoucha d'une Princeffe & fe vit douze jours après contrainte de prendre la fuite pour fe refugier en France.

Princesse, dont la deftinée eft fi grande & fi glorieufe, faut-il que vous naiffiez en la puiffance des ennemis de vôtre Maifon? O Eternel, veillez fur elle; Anges faints rangez à l'entour vos efcadrons invifibles, & faites la garde autour du berceau d'une Princeffe fi grande & fi delaiffée. Elle eft deftinée au fage & valeureux Philippes, & doit des Princes à la France, dignes de lui, dignes d'elle, & dignes de leurs Ayeux. Dieu l'a protégée, Messievrs. Sa Gouvernante deux ans aprés tire ce précieux enfant des mains des Rebelles : & quoiqu'ignorant fa captivité, & fentant trop fa grandeur, elle fe découvre elle-même; quoi que refufant tous les autres noms, elle s'obftine à dire qu'elle eft la Princeffe ; elle eft enfin amenée auprés de la Reine fa mere, pour faire fa confolation durant fes malheurs, en attendant qu'elle faffe la félicité d'un grand Prince, & la joie de toute la France. Mais j'interromps l'ordre de mon Hiftoire. J'ai dit que la Reine fut obligée à fe retirer de fon Roiaume : en effet elle partit des Ports d'Angleterre à la veuë des vaiffeaux des Rebelles, qui la pourfuivoient de fi prés, qu'elle entendoit prefque leurs cris & leurs menaces infolentes. O voiage bien different de celui qu'elle avoit fait fur la même mer, lors que venant prendre poſſeſſion du Sceptre de la Grand'Bretagne, elle voioit, pour ainſi dire, les ondes ſe courber ſous elle, & ſoûmettre toutes leurs vagues à la dominatrice des mers! Maintenant chaſſée, pourſuivie par ſes ennemis implacables, qui avoient eû l'audace de lui faire ſon procés, tantôt ſauvée, tantôt preſque priſe, changeant de fortune à chaque quart d'heure, n'aiant pour elle que Dieu, & ſon courage inébranlable elle n'avoit ni aſſez de vents ni aſſez de voiles pour favoriſer ſa fuïte précipitée. Mais enfin elle arrive à Breſt, où aprés tant de maux il lui fut permis de reſpirer un peu.

Quand je conſidére en moi-même les perils extrêmes & continuels, qu'a couru cette Princeſſe ſur la mer & ſur la terre, durant l'eſpace de prés de dix ans ; & que d'ailleurs je vois que toutes les entrepriſes ſont inutiles contre ſa Perſonne, pendant que tout réüſſit d'une maniére ſurprenante contre l'Etat : que puiſ-je penſer autre choſe, ſinon que la Providence, autant attachée à lui conſerver la vie, qu'à renverſer ſa puiſſance, a voulu qu'elle ſurvêquît à ſes grandeurs, afin qu'elle pût ſurvivre aux attachemens de la terre, & aux ſentimens d'orgueil qui corrompent d'autant plus les ames, qu'elles ſont plus grandes, & plus élevées ? Ce fut un Conſeil à peu prés ſemblable, qui abaiſſa autrefois David ſous la main du rebelle Abſalom. *Le voiez-vous ce grand Roi*, dit le ſaint & éloquent Prêtre de Marſeille, *le voiez-vous ſeul, abandonné, tellement déchû dans l'eſprit des ſiens, qu'il devient un objet de mépris aux uns, &, ce qui eſt plus inſuportable à un grand courage, un objet de pitié aux autres ; ne ſçachant*, pourſuit Salvien, *de laquelle de ces deux choſes il avoit le plus à ſe plaindre, ou de ce que Siba le nourriſſoit, ou de ce que Sémei avoit l'inſolence de le maudire.* Voila, Messievrs, une image, mais imparfaite, de la Reine d'Angleterre, quand aprés de fi étranges humiliations, elle fut encore contrainte de paroître au monde, & d'étaler, pour ainfi dire, à la France même, & au Louvre, où elle étoit née avec tant de gloire, toute l'étenduë de fa mifére. Alors elle put bien dire avec le Prophete Ifaie : *Le Seigneur des armées a fait ces chofes, pour anéantir tout le fafte des grandeurs humaines, & tourner en ignominie ce que l'Vnivers a de plus augufte.* Ce n'eft pas que la France ait manqué à la fille de Henri le Grand. Anne la magnanime, la pieufe, que nous ne nommerons jamais fans regret, la receut d'une maniére convenable à la Majefté des deux Reines. Mais les affaires du Roi ne permettant pas que cette fage Regente pût proportionner le remede au mal ; jugez de l'état de ces deux Princeffes. Henriette d'un fi grand cœur, eft contrainte de demander du fecours : Anne d'un fi grand cœur, ne peut en donner affez. Si l'on eût pû avancer ces belles années, dont nous admirons maintenant le cours glorieux : Lovis, qui entend de fi loin les gemiffemens des Chrétiens affligez ; qui affûré de fa gloire, dont la fageffe de fes Confeils, & la droiture de fes intentions lui répondent toûjours malgré l'incertitude des événemens, entreprend lui feul la caufe commune, & porte fes armes redoutées à travers des efpaces immenfes de mer & de terre ; auroit-il refufé fon bras à fes voifins, à fes alliez, à fon propre fang, aux droits facrez de la Roiauté qu'il fçait fi bien maintenir ? Avec quelle puiffance l'Angleterre l'auroit-elle veu invincible defenfeur, ou vangeur prefent de la Majefté violée ? Mais Dieu n'avoit laiffé aucune refource au Roi d'Angleterre : tout lui manque, tout lui eft contraire. Les Ecoffois, à qui il fe donne, le livrent aux Parlementaires Anglois ; & les Gardes fideles de nos Rois, trahiffent le leur. Pendant que le Parlement d'Angleterre fonge à congédier l'armée ; cette armée toute indépendante, reforme elle-même à fa mode le Parlement, qui eût gardé quelques mefures, & fe rend Maîtreffe de tout. Ainfi le Roi eft mené de captivité en captivité ; & la Reine remuë en vain la France, la Hollande, la Pologne même, & les Puiffances du Nord les plus éloignées. Elle ranime les Ecoffois, qui arment trente mille hommes : elle fait avec le Duc de Lorraine une entreprife pour la delivrance du Roi fon Seigneur, dont le fuccés paroît infaillible, tant le concert en eft jufte : elle retire fes chers enfans, l'unique efpérance de fa Maifon ; & confeffe, à cette fois, que parmi les plus mortelles douleurs, on eft encore capable de joie. Elle confole le Roi, qui lui écrit de fa prifon même, qu'elle feule foûtient fon efprit, & qu'il ne faut craindre de lui aucune baffeffe, parce que fans ceffe il fe fouvient qu'il eft à elle. O mere, ô femme, ô Reine admirable, & digne d'une meilleure fortune, fi les fortunes de la terre étoient quelque chofe ; enfin il faut ceder à vôtre fort. Vous avez affez foûtenu l'Etat, qui eft attaqué par une force invincible & divine : il ne refte plus deformais, finon que vous teniez ferme parmi fes ruines.

Comme on voit une colonne, ouvrage d'une antique architecture, qui paroît le plus ferme appui d'un temple ruineux, lors que ce grand édifice qu'elle foûtenoit, fond fur elle fans l'abattre : ainfi la Reine fe montre le ferme foûtien de l'Etat, lors qu'aprés en avoir long-temps porté le faix, elle n'eft pas même courbée fous fa chûte.

Qui cependant pourroit exprimer fes juftes douleurs ? Qui pourroit raconter fes plaintes ? Non, Messievrs, Jeremie lui-même, qui feul femble être capable d'égaler les Lamentations aux calamitez, ne fuffiroit pas à de tels regrets. Elle s'écrie avec ce Prophete : *Voiez, Seigneur, mon affliction. Mon ennemi s'est fortifié, & mes enfans sont perdus. Le cruel a mis sa main sacrilege sur ce qui m'étoit le plus cher. La Roiauté a été profanée, & les Princes sont foulez aux pieds. Laissez-moi, je pleurerai amérement; n'entreprenez pas de me consoler. Le glaive a frapé au dehors, mais je sens en moi-même une mort semblable.*

Mais aprés que nous avons écouté ses plaintes : Saintes Filles, ses cheres amies, (car elle vouloit bien vous nommer ainsi) vous qui l'avez veuë si souvent gémir devant les autels de son unique Protecteur, & dans le sein desquelles elle a versé les secretes consolations qu'elle en recevoit; mettez fin à ce discours, en nous racontant les sentimens Chrétiens, dont vous avez été les témoins fideles. Combien de fois a-t-elle en ce lieu remercié Dieu humblement de deux grandes graces; l'une de l'avoir fait Chrétienne; l'autre, MESSIEVRS : qu'attendez-vous ? Peut-être d'avoir rétabli les affaires du Roi son fils ? Non. C'est de l'avoir fait Reine malheureuse. Ha je commence à regretter les bornes étroittes du lieu où je parle! Il faut éclatter, percer cette enceinte, & faire retentir bien loin une parole qui ne peut être assez entenduë. Que ses douleurs l'ont renduë sçavante dans la science de l'Evangile, & qu'elle a bien connû la Religion, & la vertu de la Croix, quand elle a uni le Christianisme avec les malheurs ! Les grandes prospéritez nous aveuglent, nous transportent, nous égarent, nous font oublier Dieu, nous-mêmes, & les sentimens de la Foi. De là naissent des monstres de crimes, des rafinemens de plaisir, des délicatesses d'orgueil, qui ne donnent que trop de fondement à ces terribles maledictions, que JESVS-CHRIST a prononcées dans son Evangile : *Malheur à vous qui riez ; malheur à vous qui estes pleins, & contens du monde.* Au contraire, comme le Chriſtianiſme a pris ſa naiſſance de la Croix, ce ſont auſſi les malheurs qui le fortifient. Là on expie ſes pechez ; là on épure ſes intentions ; là on tranſporte ſes deſirs de la Terre au Ciel ; là on perd tout le goût du monde, & on ceſſe de s'appuier ſur ſoi-même & ſur ſa prudence. Il ne faut pas ſe flatter ; les plus experimentez dans les affaires font des fautes capitales. Mais que nous nous pardonnons aiſément nos fautes, quand la fortune nous les pardonne ! & que nous nous croions bientôt les plus éclairez & les plus habiles, quand nous ſommes les plus élevez & les plus heureux ! Les mauvais ſuccés ſont les ſeuls maîtres qui peuvent nous reprendre utilement, & nous arracher cét aveu d'avoir failli, qui coûte tant à nôtre orgueil. Alors quand les malheurs nous ouvrent les yeux, nous repaſſons avec amertume ſur tous nos faux pas : nous nous trouvons également accablez de ce que nous avons fait, & de ce que nous avons manqué de faire ; & nous ne ſçavons plus par où excuſer cette prudence préſomptueuſe, qui ſe croioit infaillible. Nous voions que Dieu ſeul eſt ſage ; & en déplorant vainement les fautes qui ont ruiné nos affaires, une meilleure réflexion nous apprend à déplorer celles qui ont perdu nôtre éternité, avec cette ſinguliére conſolation, qu'on les répare quand on les pleure.

Dieu a tenu douze ans ſans relâche, ſans aucune conſolation de la part des hommes, nôtre malheureuſe Reine ; (donnons-lui hautement ce titre, dont elle a fait un ſujet d'actions de graces) lui faiſant étudier ſous ſa main ces dures, mais ſolides leçons. Enfin fléchi par ſes vœux & par ſon humble patience, il a rétabli la Maiſon Roiale. CHARLES II. eſt reconnû, & l'injure des Rois a été vangée. Ceux que les armes n'avoient pû vaincre, ni les confeils ramener, font revenus tout à coup d'eux-mêmes : déçeûs par leur liberté, ils en ont à la fin détefté l'excés ; honteux d'avoir tant pû & leurs propres fuccés leur faifant horreur. Nous fçavons que ce Prince magnanime eût pû hâter fes affaires, en fe fervant de la main de ceux qui s'offroient à détruire la tyrannie par un feul coup. Sa grande ame a dédaigné ces moiens trop bas ; il a crû qu'en quelque état que fuffent les Rois, il étoit de leur Majefté de n'agir que par les Loix, ou par les armes. Ces Loix qu'il a protegées, l'ont rétabli prefque toutes feules : il regne paifible & glorieux fur le Trône de fes Ancêtres ; & fait regner avec lui la juftice, la fageffe, & la clemence.

Il eft inutile de vous dire combien la Reine fut confolée par ce merveilleux événement ; mais elle avoit appris par fes malheurs, à ne changer pas dans un fi grand changement de fon état. Le monde une fois banni, n'eût plus de retour dans fon cœur. Elle vit avec étonnement que Dieu, qui avoit rendu inutiles tant d'entreprifes & tant d'efforts, parce qu'il attendoit l'heure qu'il avoit marquée, quand elle fut arrivée, alla prendre, comme par la main, le Roi fon fils, pour le conduire à fon Trône. Elle fe foûmit plus que jamais à cette main fouveraine, qui tient du plus haut des Cieux les rênes de tous les Empires ; & dédaignant les Trônes qui peuvent être ufurpez, elle attacha fon affection au Roiaume, où l'on ne craint point d'avoir des égaux, & où l'on voit fans jaloufie fes concurrens. Touchée de ces fentimens, elle aima cette humble Maifon plus que fes Palais. Elle ne fe fervit plus de fon pouvoir, que pour proteger la Foi Catholique ; pour multiplier fes aumônes ; & pour foulager plus abondamment les familles refugiées de fes trois Roiaumes, & tous ceux qui avoient été ruïnez pour la caufe de la Religion, ou pour le fervice du Roi. Rappellez en vôtre memoire, avec quelle circonfpection elle ménageoit le prochain, & combien elle avoit d'averfion pour les difcours empoifonnez de la médifance. Elle fçavoit de quel poids eft non feulement la moindre parole, mais le filence même des Princes; & combien la médifance fe donne d'empire, quand elle a ofé feulement paroître en leur augufte prefence. Ceux qui la voioient attentive à pefer toutes fes paroles, jugeoient bien qu'elle étoit fans ceffe fous la veuë de Dieu; & que fidele imitatrice de l'Inftitut de Sainte Marie, jamais elle ne perdoit la fainte prefence de la Majefté divine. Auffi rappelloit-elle fouvent ce précieux fouvenir par l'Oraifon, & par la lecture du livre de l'Imitation de Jesvs, où elle apprenoit à fe conformer au veritable modéle des Chrétiens. Elle veilloit fans relâche fur fa confcience. Aprés tant de maux, & tant de traverfes, elle ne connut plus d'autres ennemis que fes pechez. Aucun ne lui fembla leger: elle en faifoit un rigoureux examen; & foigneufe de les expier par la pénitence & par les aumônes, elle étoit fi bien préparée, que la mort n'a pû la furprendre, encore qu'elle foit venuë fous l'apparence du fommeil. Elle eft morte, cette grande Reine; & par fa mort elle a laiffé un regret éternel, non feulement à Monsievr & à Madame, qui fideles à tous leurs devoirs, ont eû pour elle des refpects fi foûmis, fi fincéres, fi perfeverans, mais encore à tous ceux qui ont eû l'honneur de la fervir, ou de la connoître. Ne plaignons plus fes difgraces, qui font maintenant fa félicité. Si elle avoit été plus fortunée, fon hiftoire feroit plus pompeufe, mais fes œuvres feroient moins pleines; & avec des titres fuperbes, elle auroit peut-être parû vuide devant Dieu. Maintenant qu'elle a préferé la Croix au Trône, & qu'elle a mis fes malheurs au nombre des plus grandes graces, elle recevra les confolations qui font promifes à ceux qui pleurent. Puiffe donc ce Dieu de mifericorde accepter fes afflictions en facrifice agréable : puiffe-t-il la placer au fein d'Abraham ; & content de fes maux, épargner déformais à fa famille & au monde de fi terribles leçons.

# ORAISON FVNEBRE

DE

## HENRIETTE ANNE

# D'ANGLETERRE

### DUCHESSE D'ORLEANS

PRONONCÉE A SAINT DENIS

le 21. jour d'Aouſt 1670.

Par Messire Jacques Benigne BOSSUET,

Conſeiller du Roi en ſes Conſeils,
Evêque de Condom,
Précepteur de Monſeigneur LE DAUPHIN.

---

A PARIS

Chez Sebastien MABRE-CRAMOISY

IMPRIMEUR DU ROY, RUE S. JACQUES

Aux Cicognes

M. DC. LXX.

Avec Privilege de Sa Maieſté

## ORAISON FVNEBRE
### DE HENRIETTE ANNE
# D'ANGLETERRE,
### DUCHESSE D'ORLEANS.

*Vanitas vanitatum, dixit Ecclesiastes :*
*vanitas vanitatum, & omnia vanitas. Ecc. I.*
Vanité des vanitez, a dit l'Ecclesiaste :
vanité des vanitez, & tout est vanité.

MONSEIGNEVR, (M. LE PRINCE)

'ÉTOIS donc encore destiné à rendre ce devoir funébre à tres-Haute & tres-Puissante Princesse HENRIETTE ANNE D'ANGLETERRE, DUCHESSE D'ORLEANS. Elle, que j'avois vûë si attentive, pendant que je rendois le même devoir à la Reine sa Mere, devoit être si-tôt-aprés le sujet d'un discours semblable ; & ma triste voix étoit reservée à ce déplorable ministere. O vanité! ô neant! ô mortels ignorans de leurs destinées! L'eût-elle crû,

il y a dix mois ? Et vous, Messieurs, eussiez-vous pensé, pendant qu'elle verfoit tant de larmes en ce lieu, qu'elle deût si-tôt vous y rassembler, pour la pleurer elle-même ? Princesse, le digne objet de l'admiration de deux grands Roiaumes, n'étoit-ce pas assez que l'Angleterre pleurât vôtre absence, sans être encore réduite à pleurer vôtre mort ? Et la France, qui vous revit avec tant de joie, environnée d'un nouvel éclat, n'avoit-elle plus d'autres pompes & d'autres triomphes pour vous, au retour de ce voiage fameux, d'où vous aviez remporté tant de gloire, & de si belles esperances ? *Vanité des vanitez, & tout est vanité.* C'est la seule parole qui me reste ; c'est la seule reflexion que me permet, dans un accident si étrange, une si juste & si sensible douleur. Aussi n'ai-je point parcouru les Livres sacrez, pour y trouver quelque texte que je pusse appliquer à cette Princesse. J'ai pris sans étude & sans choix les premieres paroles que me présente l'Ecclesiaste, où quoi que la vanité ait été si souvent nommée, elle ne l'est pas encore assez à mon gré pour le dessein que je me propose. Je veux dans un seul malheur déplorer toutes les calamitez du genre humain, & dans une seule mort faire voir la mort & le néant de toutes les grandeurs humaines. Ce texte qui convient à tous les états & à tous les évenemens de nôtre vie, par une raison particuliere devient propre à mon lamentable sujet ; puisque jamais les vanitez de la terre n'ont été si clairement découvertes, ni si hautement confonduës. Non, aprés ce que nous venons de voir, la santé n'est qu'un nom, la vie n'est qu'un songe, la gloire n'est qu'une apparence, les graces & les plaisirs ne font qu'un dangereux amusement : tout est vain en nous, excepté le sincere aveu que nous faisons devant Dieu de nos vanitez, & le jugement arrêté qui nous fait méprifer tout ce que nous sommes.

Mais, dis-je la verité? L'homme que Dieu a fait à son image, n'eft-il qu'une ombre? Ce que Jesus-Christ eft venu chercher du Ciel en la Terre, ce qu'il a crû pouvoir, fans fe ravilir, acheter de tout fon fang, n'eft-ce qu'un rien? Reconnoiffons nôtre erreur. Sans doute ce trifte fpectacle des vanitez humaines nous impofoit; & l'efpérance publique, fruftrée tout à coup par la mort de cette Princeffe, nous pouffoit trop loin. Il ne faut pas permettre à l'homme de fe méprifer tout entier, de peur que croiant avec les impies, que nôtre vie n'eft qu'un jeu où regne le hazard, il ne marche fans regle & fans conduite au gré de fes aveugles defirs. C'eft pour cela que l'Ecclefiafte, aprés avoir commencé fon divin ouvrage par les paroles que j'ai recitées, aprés en avoir rempli toutes les pages du mépris des chofes humaines, veut enfin montrer à l'homme quelque chofe de plus folide, & conclut tout fon difcours, en lui difant: *Crains Dieu, & garde fes Commandemens; car c'eft là tout l'homme: & fçache que le Seigneur examinera dans fon Jugement tout ce que nous aurons fait de bien & de mal.* Ainfi tout eft vain en l'homme, fi nous regardons ce qu'il donne au monde; mais au contraire, tout eft important, fi nous confidérons ce qu'il doit à Dieu. Encore une fois, tout eft vain en l'homme, fi nous regardons le cours de fa vie mortelle; mais tout eft précieux, tout eft important, fi nous contemplons le terme où elle aboutit, & le compte qu'il en faut rendre. Méditons donc aujourd'hui à la veuë de cét Autel & de ce Tombeau, la premiére & la derniére parole de l'Ecléfiafte; l'une qui montre le néant de l'homme; l'autre qui établit fa grandeur. Que ce Tombeau nous convainque de nôtre néant, pourveû que cét Autel, où l'on offre tous les jours pour nous une victime d'un fi grand prix, nous apprenne en même temps nôtre dignité. La Princeffe que nous pleurons, fera un témoin fidele de l'un & de l'autre. Voions ce qu'une mort foudaine lui a ravi; voions ce qu'une fainte mort lui a donné. Ainfi nous apprendrons à méprifer ce qu'elle a quitté fans peine, afin d'attacher toute nôtre eftime à ce qu'elle a embraffé avec tant d'ardeur, lors que fon ame épurée de tous les fentimens de la terre, & pleine du Ciel où elle touchoit, a vû la lumiére toute manifefte. Voilà les veritez que j'ai à traiter, & que j'ai crû dignes d'être propofées à un fi grand Prince, & à la plus illuftre Affemblée de l'Univers.

*Nous mourons tous,* difoit cette femme, dont l'Ecriture a loüé la prudence au fecond Livre des Rois; *& nous allons fans ceffe au tombeau, ainfi que des eaux qui fe perdent fans retour.* En effet, nous reffemblons tous à des eaux courantes. De quelque fuperbe diftinction que fe flattent les hommes, ils ont tous une même origine; & cette origine eft petite. Leurs années fe pouffent fucceffivement, comme des flots. : ils ne ceffent de s'écouler ; tant qu'enfin, aprés avoir fait un peu plus de bruit, & traverfé un peu plus de païs les uns que les autres, ils vont tous enfemble fe confondre dans un abîme, où l'on ne reconnoît plus ni Princes, ni Rois, ni toutes ces autres qualitez fuperbes qui diftinguent les hommes; de même que ces fleuves tant vantez demeurent fans nom & fans gloire, mêlez dans l'Ocean avec les riviéres les plus inconnuës.

Et certainement, Messieurs, fi quelque chofe pouvoit élever les hommes au deffus de leur infirmité naturelle; fi l'origine, qui nous eft commune, fouffroit quelque diftinction folide & durable entre ceux que Dieu a formez de la même terre : qui auroit-il dans l'Univers de plus diftingué que la Princeffe dont je parle? Tout ce que peuvent faire non feulement la

naiffance & la fortune, mais encore les grandes quali‑
tez de l'efprit pour l'élevation d'une Princeffe, fe
trouve raffemblé, & puis anéanti dans la nôtre. De
quelque côté que je fuive les traces de fa glorieufe ori‑
gine, je ne découvre que des Rois, & par tout je fuis
ébloüi de l'éclat des plus Auguftes Couronnes. Je vois
la Maifon de France, la plus grande, fans comparaifon,
de tout l'Univers; & à qui les plus puiffantes Maifons
peuvent bien ceder fans envie, puis qu'elles tâchent de
tirer leur gloire de cette fource. Je vois les Rois d'E‑
coffe, les Rois d'Angleterre, qui ont regné depuis tant
de fiécles fur une des plus belliqueufes Nations de
l'Univers, plus encore par leur courage, que par l'auto‑
rité de leur Sceptre. Mais cette Princeffe née fur le
Trône, avoit l'efprit & le cœur plus hauts que fa naif‑
fance. Les malheurs de fa maifon n'ont pû l'accabler
dans fa premiére jeuneffe; & deflors on voioit en
elle une grandeur qui ne devoit rien à la fortune. Nous
difions avec joie, que le Ciel l'avoit arrachée, comme
par miracle, des mains des ennemis du Roi fon pere,
pour la donner à la France : don précieux, ineftimable
prefent, fi feulement la poffeffion en avoit été plus
durable! Mais pourquoi ce fouvenir vient-il m'inter‑
rompre? Helas, nous ne pouvons un moment arrêter
les yeux fur la gloire de la Princeffe, fans que la mort
s'y mêle auffi-tôt pour tout offufquer de fon ombre! O
mort, éloigne toi de nôtre penfée; & laiffe nous trom‑
per pour un peu de temps la violence de nôtre dou‑
leur, par le fouvenir de nôtre joie. Souvenez vous
donc, Messieurs, de l'admiration que la Princeffe
d'Angleterre donnoit à toute la Cour. Vôtre memoire
vous la peindra mieux avec tous fes traits & fon incom‑
parable douceur, que ne pourront jamais faire toutes
mes paroles. Elle croiffoit au milieu des benédictions

de tous les peuples ; & les années ne ceſſoient de lui apporter de nouvelles graces. Auſſi la Reine ſa Mere, dont elle a toûjours été la conſolation, ne l'aimoit pas plus tendrement que faiſoit ANNE d'Eſpagne. ANNE, vous le ſçayez, MESSIEURS, ne trouvoit rien au deſſus de cette Princeſſe. Aprés nous avoir donné une Reine, ſeule capable par ſa piété, & par ſes autres vertus Roiales, de ſoutenir la réputation d'une Tante ſi illuſtre ; elle voulut, pour mettre dans ſa famille ce que l'Univers avoit de plus grand, que PHILIPPE DE FRANCE ſon ſecond fils épouſât la PRINCESSE HENRIETTE : & quoique le Roi d'Angleterre, dont le cœur égale la ſageſſe, ſçeût que la Princeſſe ſa ſœur, recherchée de tant de Rois, pouvoit honorer un Trône, il lui vit remplir avec joie la ſeconde place de France, que la dignité d'un ſi grand Roiaume peut mettre en comparaiſon avec les premiéres du reſte du monde.

Que ſi ſon rang la diſtinguoit, j'ai eû raiſon de vous dire qu'elle étoit encore plus diſtinguée par ſon merite. Je pourrois vous faire remarquer qu'elle connoiſſoit ſi bien la beauté des Ouvrages de l'eſprit, que l'on croioit avoir atteint la perfection, quand on avoit ſçeu plaire à MADAME. Je pourrois encore ajoûter, que les plus ſages & les plus experimentez admiroient cét eſprit vif & perçant, qui embraſſoit ſans peine les plus grandes affaires, & penetroit avec tant de facilité dans les plus ſecrets intérèts. Mais pourquoi m'étendre ſur une matiére où je puis tout dire en un mot ? Le Roi, dont le jugement eſt une regle toûjours ſûre, a eſtimé la capacité de cette Princeſſe, & l'a miſe par ſon eſtime au deſſus de tous nos éloges.

Cependant, ni cette eſtime, ni tous ces grands avantages, n'ont pû donner atteinte à ſa modeſtie. Toute éclairée qu'elle étoit, elle n'a point préſumé de ſes connoiffances; & jamais fes lumiéres ne l'ont éblouïe. Rendez témoignage à ce que je dis, vous que cette grande Princeffe a honorez de fa confiance. Quel efprit avez vous trouvé plus élevé? Mais quel efprit avez vous trouvé plus docile? Plufieurs dans la crainte d'être trop faciles, fe rendent infléxibles à la raifon, & s'affermiffent contre elle. MADAME s'éloignoit toûjours autant de la préfomption que de la foibleffe ; également eftimable, & de ce qu'elle fçavoit trouver les fages confeils, & de ce qu'elle étoit capable de les recevoir. On les fçait bien connoître, quand on fait ferieufement l'étude, qui plaifoit tant à cette Princeffe. Nouveau genre d'étude, & prefque inconnu aux perfonnes de fon âge & de fon rang; ajoûtons, fi vous voulez, de fon fexe. Elle étudioit fes defauts; elle aimoit qu'on lui en fît des leçons finceres : marque affûrée d'une ame forte, que fes fautes ne dominent pas, & qui ne craint point d'envifager de prés fes defauts, par une fecrette confiance des reffources qu'elle fent pour les furmonter. C'étoit le deffein d'avancer dans cette étude de la fageffe, qui la tenoit fi attachée à la lecture de l'Hiftoire, qu'on appelle avec raifon la fage Confeillere des Princes. C'eft là que les plus grands Rois n'ont plus de rang que par leurs vertus, & que dégradez à jamais par les mains de la mort, ils viennent fubir fans cour & fans fuite le jugement de tous les peuples & de tous les fiécles. C'eft là qu'on découvre que le luftre qui vient de la flaterie eft fuperficiel; & que les fauffes couleurs, quelque induftrieufement qu'on les applique, ne tiennent pas. Là nôtre admirable Princeffe étudioit les devoirs de ceux dont la vie compofe l'Hiftoire : elle y perdoit infenfiblement le goût des Romans, & de leurs fades Héros ; & foigneufe de fe former fur le vrai, elle méprifoit ces froides & dangereufes fictions. Ainfi fous un visage riant, sous cét air de jeunesse qui sembloit ne promettre que des jeux, elle cachoit un sens & un sérieux, dont ceux qui traitoient avec elle étoient surpris.

Aussi pouvoit-on sans crainte lui confier les plus grands secrets. Loin du commerce des affaires, & de la société des hommes, ces ames sans force, aussi bien que sans foi, qui ne savent pas retenir leur langue indiscrette. *Ils ressemblent*, dit le Sage, *à une ville sans murailles, qui est ouverte de toutes parts*, & qui devient la proie du premier venu. Que MADAME étoit au dessus de cette foiblesse ! Ni la surprise, ni l'interêt, ni la vanité, ni l'appas d'une flaterie délicate, ou d'une douce conversation, qui souvent épanchant le cœur, en fait échaper le secret, n'étoit capable de lui faire découvrir le sien ; & la sûreté qu'on trouvoit en cette Princesse, que son esprit rendoit si propre aux grandes affaires, lui faisoit confier les plus importantes.

Ne pensez pas que je veüille, en interprete témeraire des sécrets d'Etat discourir sur le voiage d'Angleterre ; ni que j'imite ces politiques speculatifs, qui arrangent, suivant leurs idées, les Conseils des Rois, & composent, sans instruction, les Annales de leur siécle. Je ne parlerai de ce voiage glorieux, que pour dire que MADAME y fut admirée plus que jamais. On ne parloit qu'avec transport de la bonté de cette Princesse, qui malgré les divisions trop ordinaires dans les Cours lui gagna d'abord tous les Esprits. On ne pouvoit assez loüer son incroiable dextérité à traiter les affaires les plus délicates, à guerir ces défiances cachées qui souvent les tiennent en suspens, & à terminer tous les differends d'une maniere qui concilioit les interêts les plus opposez. Mais qui pourroit penser, sans verser des larmes, aux marques d'estime & de tendresse, que lui donna le

Roi fon frere ? Ce grand Roi, plus capable encore d'être touché par le merite, que par le fang, ne fe laffoit point d'admirer les excellentes qualitez de Madame. O plaie irrémédiable ! Ce qui fut en ce voiage le fujet d'une fi jufte admiration, eft devenu pour ce Prince le fujet d'une douleur qui n'a point de bornes. Princesse, le digne lien des deux plus grands Rois du monde, pourquoi leur avez vous été fi-tôt ravie ? Ces deux grands Rois fe connoiffent ; c'eft l'effet des foins de Madame : ainfi leurs nobles inclinations concilieront leurs efprits, & la vertu fera entre eux une immortelle mediatrice. Mais fi leur union ne perd rien de fa fermeté, nous déplorerons éternellement qu'elle ait perdu fon agrément le plus doux ; & qu'une Princeffe fi chérie de tout l'Univers ait été précipitée dans le tombeau, pendant que la confiance de deux fi grands Rois l'élevoit au comble de la grandeur & de la gloire.

La Grandeur & la Gloire ? Pouvons-nous encore entendre ces noms dans ce triomphe de la mort ? Non, Messieurs, je ne puis plus foûtenir ces grandes paroles, par lefquelles l'arrogance humaine tâche de s'étourdir elle-même, pour ne pas appercevoir fon néant. Il eft temps de faire voir que tout ce qui eft mortel, quoi qu'on ajoûte par le dehors pour le faire paroître grand, eft par fon fonds incapable d'élévation. Ecoutez à ce propos le profond raifonnement, non d'un Philofophe qui difpute dans une Ecole, ou d'un Religieux qui médite dans un Cloître : je veux confondre le monde par ceux que le monde même révere le plus, par ceux qui le connoiffent le mieux, & ne lui veux donner pour le convaincre que des Docteurs affis fur le Trône. *O Dieu*, dit le Roi Prophete, *vous avez fait mes jours mefurables, & ma fubftance n'eft rien devant vous*. Il eft ainfi, Chretiens ; tout ce qui fe mefure, finit, & tout ce qui eſt né pour finir, n'eſt pas tout-à-fait ſorti du néant où il eſt ſi-tôt replongé. Si nôtre être, ſi nôtre ſubſtance n'eſt rien, tout ce que nous bâtiſſons deſſus, que peut-il être ? Ni l'édifice n'eſt plus ſolide que le fondement, ni l'accident attaché à l'être plus réel que l'être même. Pendant que la nature nous tient ſi bas, que peut faire la fortune pour nous élever ? Cherchez, imaginez parmi les hommes les différences les plus remarquables ; vous n'en trouverez point de mieux marquée, ni qui vous paroiſſe plus effective, que celle qui releve le victorieux au deſſus des vaincus, qu'il voit étendus à ſes pieds. Cependant, ce vainqueur enflé de ſes titres tombera lui-même à ſon tour entre les mains de la mort. Alors ces malheureux vaincus rappelleront à leur compagnie leur ſuperbe triomphateur ; & du creux de leurs tombeaux ſortira cette voix qui foudroie toutes les grandeurs : *Vous voilà bleſſé comme nous ; vous eſtes devenu ſemblable à nous.* Que la fortune ne tente donc pas de nous tirer du néant, ni de forcer la baſſeſſe de nôtre nature.

Mais peut-être au defaut de la fortune, les qualitez de l'eſprit, les grands deſſeins, les vaſtes penſées pourront nous diſtinguer du reſte des hommes. Gardez-vous bien de le croire, parce que toutes nos penſées qui n'ont pas Dieu pour objet ſont du domaine de la mort. *Ils mourront*, dit le Roi Prophete, *& en ce jour periront toutes leurs penſées.* C'eſt à dire les penſées des conquerans, les penſées des politiques, qui auront imaginé dans leurs cabinets, des deſſeins où le monde entier ſera compris : ils ſe feront munis de tous côtez par des précautions infinies ; enfin ils auront tout préveû, excepté leur mort, qui emportera en un moment toutes leurs penſées. C'eſt pour cela que l'Eccleſiaſte, le Roi Salomon fils du Roi David, (car je suis bien aife de vous faire voir la fucceffion de la même doctrine dans un même trône; ) c'eft, dis-je, pour cela que l'Ecclefiafte faifant le dénombrement des illufions qui travaillent les enfans des hommes, y comprend la Sageffe même. *Je me fuis, dit-il, appliqué à la fageffe, & j'ai veû que c'étoit encore une vanité;* parce qu'il y a une fauffe fageffe, qui fe renfermant dans l'enceinte des chofes mortelles, s'enfevelit avec elles dans le néant. Ainfi je n'ai rien fait pour Madame, quand je vous ai reprefenté tant de belles qualitez qui la rendoient admirable au monde, & capable des plus hauts deffeins, où une Princeffe puiffe s'élever. Jufqu'à ce que je commence à vous raconter ce qui l'unit à Dieu, une fi illuftre Princeffe ne paroîtra dans ce difcours, que comme un exemple le plus grand qu'on fe puiffe propofer, & le plus capable de perfuader aux ambitieux, qu'ils n'ont aucun moien de fe diftinguer, ni par leur naiffance, ni par leur grandeur, ni par leur efprit, puifque la mort, qui égale tout, les domine de tous côtez avec tant d'empire, & que d'une main fi prompte & fi fouveraine elle renverfe les têtes les plus refpectées.

Confiderez, Messieurs, ces grandes puiffances que nous regardons de fi bas. Pendant que nous tremblons fous leur main, Dieu les frape pour nous avertir. Leur élevation en eft la caufe, & il les épargne fi peu, qu'il ne craint pas de les facrifier à l'inftruction du refte des hommes. Chre'tiens, ne murmurez pas fi Madame a été choifie pour nous donner une telle inftruction. Il n'y a rien ici de rude pour elle, puifque, comme vous le verrez dans la fuite, Dieu la fauve par le même coup qui nous inftruit. Nous devrions être affez convaincus de nôtre néant : mais s'il faut des coups de furprife à nos cœurs enchantez de l'amour du monde, celui-ci est assez grand & assez terrible. O nuit desastreuse! ô nuit effroiable, où retentit tout à coup comme un éclat de tonnerre, cette étonnante nouvelle, Madame se meurt, Madame est morte. Qui de nous ne se sentit frapé à ce coup, comme si quelque tragique accident avoit desolé sa famille? Au premier bruit d'un mal si étrange, on accourut à S. Cloud de toutes parts ; on trouve tout consterné, excepté le cœur de cette Princesse. Par tout on entend des cris, par tout on voit la douleur & le desespoir, & l'image de la mort. Le Roi, la Reine, Monsieur, toute la Cour, tout le Peuple, tout est abatu, tout est desesperé; & il me semble que je voi l'accomplissement de cette parole du Prophete : *Le Roi pleurera, le Prince sera desolé, & les mains tomberont au Peuple de douleur & d'étonnement.*

Mais & les Princes & les Peuples gemissoient en vain. En vain Monsieur, en vain le Roi même tenoit Madame serrée par de si étroits embrassemens. Alors ils pouvoient dire l'un & l'autre avec Saint Ambroise : *Stringebam brachia, sed jam amiseram quam tenebam;* je serrois les bras, mais j'avois déja perdu ce que je tenois. La Princesse leur échapoit parmi des embrassemens si tendres, & la mort plus puissante nous l'enlevoit entre ces Roiales mains. Quoi donc, elle devoit perir si-tôt! Dans la pluspart des hommes, les changemens se font peu à peu, & la mort les prépare ordinairement à son dernier coup. Madame cependant a passé du matin au soir, ainsi que l'herbe des champs. Le matin elle fleurissoit ; avec quelles graces, vous le sçavez: le soir nous la vîmes sechée, & ces fortes expressions, par lesquelles l'Ecriture Sainte exagere l'inconstance des choses humaines, devoient être pour cette Princesse si précises, & si literales. Helas! nous composions son

Hiftoire de tout ce qu'on peut imaginer de plus glorieux. Le paffé & le préfent nous garentiffoient l'avenir, & on pouvoit tout attendre de tant d'excellentes qualitez. Elle alloit s'aquerir deux puiffans Roiaumes, par des moiens agréables : toûjours douce, toûjours paifible, autant que genéreufe & bienfaifante, fon credit n'y auroit jamais été odieux ; on ne l'eût point veüe s'attirer la gloire avec une ardeur inquiéte & précipitée ; elle l'eût attenduë fans impatience, comme fûre de la poffeder. Cét attachement qu'elle a montré fi fidele pour le Roi jufques à la mort, lui en donnoit les moiens. Et certes, c'eft le bonheur de nos jours, que l'eftime fe puiffe joindre avec le devoir ; & qu'on puiffe autant s'attacher au merite & à la perfonne du Prince, qu'on en révere la puiffance & la Majefté. Les inclinations de MADAME ne l'attachoient pas moins fortement à tous fes autres devoirs. La paffion qu'elle reffentoit pour la gloire de MONSIEUR, n'avoit point de bornes. Pendant que ce grand Prince, marchant fur les pas de fon invincible frere, fecondoit avec tant de valeur & de fuccez, fes grands & heroïques deffeins dans la Campagne de Flandre, la joie de cette Princeffe étoit incroiable, C'eft ainfi que fes genéreufes inclinations la menoient à la gloire, par les voies que le monde trouve les plus belles : & fi quelque chofe manquoit encore à fon bonheur, elle eût tout gagné par fa douceur & par fa conduite. Telle étoit l'agréable Hiftoire que nous faifions pour MADAME, & pour achever ces nobles projets, il n'y avoit que la durée de fa vie, dont nous ne croyions pas devoir être en peine. Car qui eût pû feulement penfer que les années euffent dû manquer à une jeuneffe qui fembloit fi vive ? Toutefois c'eft par cét endroit que tout fe diffipe en un moment. Au lieu de l'Hiftoire d'une belle vie, nous sommes réduits à faire l'Histoire d'une admirable, mais triste mort. A la verité, Messieurs, rien n'a jamais égalé la fermeté de son ame, ni ce courage paisible, qui sans faire effort pour s'élever, s'est trouvé par sa naturelle situation au dessus des accidens les plus redoutables. Oui, Madame fut douce envers la mort, comme elle l'étoit envers tout le monde. Son grand cœur, ni ne s'aigrit, ni ne s'emporta contre elle. Elle ne la brave non plus avec fierté ; contente de l'envisager sans émotion, & de la recevoir sans trouble. Triste consolation, puisque malgré ce grand courage nous l'avons perduë! C'est la grande vanité des choses humaines. Aprés que par le dernier effet de nôtre courage nous avons pour ainsi dire surmonté la mort, elle éteint en nous jusqu'à ce courage, par lequel nous semblions la défier. La voilà, malgré ce grand cœur, cette Princesse si admirée, & si cherie ; la voilà telle que la mort nous l'a faite : encore ce reste tel quel va-t-il disparoître : cette ombre de gloire va s'évanouir; & nous l'allons voir dépouïllée même de cette triste décoration. Elle va descendre à ces sombres lieux, à ces demeures soûterraines, pour y dormir dans la poussiére avec les grands de la terre, comme parle Job ; avec ces Rois & ces Princes anéantis, parmi lesquels à peine peut-on la placer, tant les rangs y sont pressez, tant la mort est prompte à remplir ces places. Mais ici nostre imagination nous abuse encore. La mort ne nous laisse pas assez de corps pour occuper quelque place, & on ne voit là que les tombeaux qui fassent quelque figure. Nôtre chair change bien-tôt de nature : nôtre corps prend un autre nom; même celui de cadavre, dit Tertullien, parce qu'il nous montre encore quelque forme humaine, ne lui demeure pas long-temps : il devient un je ne sçai quoi, qui n'a plus de nom dans aucune langue; tant il eſt vrai que tout meurt en lui, juſqu'à ces termes funébres par leſquels on exprimoit ſes malheureux reſtes.

C'eſt ainſi que la puiſſance divine, juſtement irritée contre nôtre orgueil, le pouſſe juſqu'au néant; & que pour égaler à jamais les conditions, elle ne fait de nous tous qu'une même cendre. Peut-on bâtir ſur ces ruines? Peut-on appuier quelque grand deſſein ſur ce débris inévitable des choſes humaines? Mais quoi, MESSIEURS, tout eſt-il donc deſeſperé pour nous? Dieu qui foudroie toutes nos grandeurs, juſqu'à les reduire en poudre, ne nous laiſſe-t-il aucune eſpérance? Lui, aux yeux de qui rien ne ſe perd, & qui ſuit toutes les parcelles de nos corps, en quelque endroit écarté du monde que la corruption, ou le hazard les jette, verra-t-il perir ſans reſſource ce qu'il a fait capable de le connoître & de l'aimer? Ici un nouvel ordre de choſes ſe preſente à moi : les ombres de la mort ſe diſſipent : *les voies me ſont ouvertes à la veritable vie* : MADAME n'eſt plus dans le tombeau : la mort qui ſembloit tout détruire, a tout établi : voici le ſecret de l'Eccleſiaſte, que je vous avois marqué dés le commencement de ce diſcours, & dont il faut maintenant découvrir le fonds.

Il faut donc penſer, CHRE'TIENS, qu'outre le rapport que nous avons du côté du corps avec la nature changeante & mortelle, nous avons d'un autre côté un rapport intime, & une ſecrette affinité avec Dieu, parce que Dieu-même a mis quelque choſe en nous, qui peut confeſſer la verité de ſon être, en adorer la perfection, en admirer la plenitude; quelque choſe qui peut ſe ſoumettre à ſa ſouveraine puiſſance, s'abandonner à ſa haute & incomprehenſible ſageſſe, ſe confier en ſa bonté, craindre ſa juſtice, eſperer ſon éternité. De ce côté, MESSIEURS, ſi l'homme croit avoir en lui de l'élevation, il ne fe trompera pas. Car comme il eft néceffaire que chaque chofe foit réünie à fon principe, & que c'eft pour cette raifon, dit l'Ecclefiafte, *que le corps retourne à la terre, dont il a été tiré;* il faut par la fuite du même raifonnement, que ce qui porte en nous la marque divine, ce qui eft capable de s'unir à Dieu, y foit auffi rappellé. Or ce qui doit retourner à Dieu qui eft la grandeur primitive & effentielle, n'eft-il pas grand & élevé ? C'eft pourquoi quand je vous ai dit, que la grandeur & la gloire n'étoient parmi nous que des noms pompeux, vuides de fens & de chofes, je regardois le mauvais ufage que nous faifons de ces termes. Mais pour dire la verité dans toute fon étenduë, ce n'eft ni l'erreur, ni la vanité qui ont inventé ces noms magnifiques ; au contraire, nous ne les aurions jamais trouvez, fi nous n'en avions porté le fonds en nous-mêmes. Car où prendre ces nobles idées dans le néant ? La faute que nous faifons, n'eft donc pas de nous être fervis de ces noms ; c'eft de les avoir appliquez à des objets trop indignes. Saint Chrifoftome a bien compris cette verité, quand il a dit : *Gloire, richeffes, nobleffe, puiffance, pour les hommes du monde ne font que des noms ; pour nous, fi nous fervons Dieu, ce feront des chofes : au contraire la pauvreté, la honte, la mort, font des chofes trop effectives & trop réelles pour eux ; pour nous, ce font feulement des noms ;* parce que celui qui s'attache à Dieu ne perd ni fes biens, ni fon honneur, ni fa vie. Ne vous étonnez donc pas fi l'Ecclefiafte dit fi fouvent : *Tout eft vanité.* Il s'explique, *tout eft vanité fous le Soleil ;* c'eft à dire, tout ce qui eft mefuré par les années, tout ce qui eft emporté par la rapidité du temps : fortez du temps & du changement ; afpirez à l'éternité ; la vanité ne vous tiendra plus affervis. Ne vous étonnez pas fi le même

Ecclefiafte méprife tout en nous, jufqu'à la fageffe, & ne trouve rien de meilleur, que de goûter en repos le fruit de fon travail. La fageffe dont il parle en ce lieu, eft cette fageffe infenfée, ingenieufe à fe tourmenter, habile à fe tromper elle-même, qui fe corrompt dans le préfent, qui s'égare dans l'avenir, qui par beaucoup de raifonnemens & de grands efforts ne fait que fe confumer inutilement en amaffant des chofes que le vent emporte. *Hé!* s'écrie ce fage Roi, *y a-t-il rien de fi vain?* Et n'a-t-il pas raifon de préferer la fimplicité d'une vie particuliere, qui goûte doucement & innocemment ce peu de biens que la nature nous donne, aux foucis & aux chagrins des avares, aux fonges inquiets des ambitieux? Mais *cela même*, dit-il, ce repos, cette douceur de la vie, *eft encore une vanité*, parce que la mort trouble, & emporte tout. Laiffons lui donc méprifer tous les états de cette vie, puifqu'enfin de quelque côté qu'on s'y tourne, on voit toûjoûrs la mort en face, qui couvre de tenebres tous nos plus beaux jours. Laiffons lui égaler le fol & le fage; & même, je ne craindrai pas de le dire hautement en cette Chaire, laiffons lui confondre l'homme avec la bête : *Unus interitus eft hominis, & jumentorum.* En effet, jufqu'à ce que nous aions trouvé la veritable Sageffe; tant que nous regarderons l'homme par les yeux du corps, fans y démêler par l'intelligence, ce fecret principe de toutes nos actions, qui étant capable de s'unir à Dieu, doit neceffairement y retourner : que verrons nous autre chofe dans nôtre vie, que de folles inquiétudes? Et que verrons nous dans nôtre mort, qu'une vapeur qui s'exhale, que des efprits qui s'épuifent, que des refforts qui fe démontent & fe déconcertent, enfin qu'une machine qui fe diffout, & qui fe met en piéces : Ennuïez de ces vanitez, cherchons ce qu'il y a de grand, & de folide en nous. Le Sage nous l'a montré dans les derniéres paroles de l'Ecclefiafte ; & bien-tôt Madame nous le fera paroître dans les derniéres actions de fa vie. *Crains Dieu, & obferve fes Commandemens, car c'eft là tout homme :* comme s'il difoit, ce n'eft pas l'homme que j'ai méprifé, ne le croiez pas ; ce font les opinions, ce font les erreurs par lefquelles l'homme abufé fe deshonore lui-même. Voulez-vous fçavoir en un mot ce que c'eft que l'homme ? Tout fon devoir, tout fon objet, toute fa nature, c'eft de craindre Dieu : tout le refte eft vain, je le déclare ; mais auffi tout le refte n'eft pas l'homme. Voici ce qui eft réel & folide, & ce que la mort ne peut enlever : car, ajoûte l'Ecclefiafte, *Dieu examinera dans fon Jugement tout ce que nous aurons fait de bien & de mal.* Il eft donc maintenant aifé de concilier toutes chofes. Le Pfalmifte dit, *qu'à la mort periront toutes nos penfées ;* ouï, celles que nous aurons laiffé emporter au monde, dont la figure paffe & s'évanouït. Car encore que nôtre efprit foit de nature à vivre toûjours, il abandonne à la mort tout ce qu'il confacre aux chofes mortelles ; de forte que nos penfées qui devoient être incorruptibles du côté de leur principe, deviennent periffables du côté de leur objet. Voulez-vous fauver quelque chofe de ce débris fi univerfel, fi inévitable ? Donnez à Dieu vos affections ; nulle force ne vous ravira ce que vous aurez dépofé en ces mains divines. Vous pourrez hardiment méprifer la mort, à l'exemple de nôtre héroïne Chrétienne. Mais afin de tirer d'un fi bel exemple toute l'inftruction qu'il nous peut donner, entrons dans une profonde confidération des conduites de Dieu fur elle, & adorons en cette Princeffe le miftére de la Prédeftination & de la Grace.

Vous fçavez que toute la vie Chrétienne, que tout

l'ouvrage de nôtre falut, eft une fuite continuelle de miferiocordes : mais le fidele Interprete du miftere de la Grace, je veux dire le grand Auguftin, m'apprend cette veritable & folide Theologie, que c'eft dans la premiere Grace, & dans la derniére, que la Grace fe montre Grace; c'eft à dire, que c'eft dans la vocation qui nous prévient, & dans la perféverance finale qui nous couronne, que la bonté qui nous fauve, paroît toute gratuite & toute pure. En effet, comme nous changeons deux fois d'état, en paffant, premiérement des tenebres à la lumiére, & enfuite de la lumiére imparfaite de la Foi, à la lumiére confommée de la gloire; comme c'eft la vocation qui nous infpire la Foi, & que c'eft la perfeverance qui nous tranfmet à la gloire : il a plû à la divine bonté de fe marquer elle-même au commencement de ces deux états, par une impreffion illuftre & particuliére, afin que nous confeffions que toute la vie du Chrétien, & dans le temps qu'il efpere, & dans le temps qu'il jouït, eft un miracle de Grace. Que ces deux principaux momens de la Grace ont été bien marquez par les merveilles que Dieu a faites pour le falut éternel de HENRIETTE D'ANGLETERRE ! Pour la donner à l'Eglife, il a fallu renverfer tout un grand Roiaume. La grandeur de la Maifon d'où elle eft fortie, n'étoit pour elle qu'un engagement plus étroit dans le fchifme de fes Ancêtres; difons des derniers de fes Ancêtres, puifque tout ce qui les précede, à remonter jufqu'aux premiers temps, eft fi pieux & fi Catholique. Mais fi les lois de l'Etat s'oppofent à fon falut éternel, Dieu ébranlera tout l'Etat pour l'affranchir de ces loix. Il met les ames à ce prix ; il remuë le ciel & la terre pour enfanter fes éleûs ; & comme rien ne lui eft cher que ces enfans de fa dilection éternelle, que ces membres inféparables de fon Fils bien-aimé, rien ne lui coûte, pourveû qu'il les fauve. Nôtre Princeffe eft perfécutée avant que de naître, delaiffée auffi-tôt que mife au monde, arrachée en naiffant à la piété d'une Mere Catholique, captive dés le berceau des ennemis implacables de fa Maifon, & ce qui étoit plus déplorable, captive des ennemis de l'Eglife ; par confequent deftinée premiérement par fa glorieufe naiffance, & enfuite par fa malheureufe captivité, à l'erreur & à l'heréfie. Mais le fceau de Dieu étoit fur elle. Elle pouvoit dire avec le Prophete : *Mon pere & ma mere m'ont abandonnée ; mais le Seigneur m'a receuë en fa protection.* Délaiffée de toute la terre dés ma naiffance, *je fus comme jettée entre les bras de fa providence paternelle ; & dés le ventre de ma mere, il fe déclara mon Dieu.* Ce fut à cette garde fidele que la Reine fa mere commit ce précieux dépoft. Elle ne fut point trompée dans fa confiance. Deux ans aprés, un coup impréveu, & qui tenoit du miracle, delivra la Princeffe des mains des rebelles. Malgré les tempeftes de l'Ocean, & les agitations encore plus violentes de la Terre, Dieu la prenant fur fes ailes, comme l'aigle prend fes petits, la porta lui-même dans ce Roiaume ; lui-même la pofa dans le fein de la Reine fa mere, ou plûtôt dans le fein de l'Eglife Catholique. Là elle apprit les maximes de la piété veritable, moins par les inftructions qu'elle y recevoit, que par les exemples vivans de cette grande & religieufe Reine. Elle a imité fes pieufes liberalitez. Ses aumônes toûjours abondantes fe font répanduës principalement fur les Catholiques d'Angleterre, dont elle a été la fidele protectrice. Digne fille de Saint Edoüard & de Saint Loüis, elle s'attacha du fond de fon cœur à la Foi de ces deux grands Rois. Qui pourroit affez exprimer le zele dont elle brûloit pour le rétabliffement de cette Foi dans le Roiaume d'Angleterre, où l'on en conferve encore tant de précieux monumens? Nous fçavons qu'elle n'euft pas craint d'expofer fa vie pour un fi pieux deffein : Et le Ciel nous l'a ravie! O Dieu! que prépare ici vôtre éternelle Providence? Me permettrez vous, ô Seigneur, d'envifager en tremblant vos faints & redoutables confeils? Eft-ce que les temps de confufion ne font pas encore accomplis? Eft-ce que le crime qui fit ceder vos veritez faintes à des paffions malheureufes, eft encore devant vos yeux, & que vous ne l'avez pas affez puni par un aveuglement de plus d'un fiécle? Nous raviffez-vous HENRIETTE, par un effet du même jugement qui abrégea les jours de la Reine Marie, & fon regne fi favorable à l'Eglife? Ou bien voulez vous triompher feul? Et en nous ôtant les moiens dont nos defirs fe flattoient, refervez vous dans les temps marquez par vôtre Prédeftination éternelle, de fecrets retours à l'Etat & à la Maifon d'Angleterre? Quoi qu'il en foit, ô grand Dieu, recevez-en aujourd'hui les bienheureufes prémices en la perfonne de cette Princeffe. Puiffe toute fa Maifon & tout le Roiaume fuivre l'exemple de fa Foi. Ce grand Roi, qui remplit de tant de vertus le Trône de fes Ancêtres, & fait loüer tous les jours la divine main qui l'y a rétabli comme par miracle, n'improuvera pas nôtre zele, fi nous fouhaitons devant Dieu que lui & tous fes peuples foient comme nous. *Opto apud Deum, non tantùm te, fed etiam omnes fieri tales, qualis & ego fum.* Ce fouhait eft fait pour les Rois, & Saint Paul étant dans les fers le fit la première fois en faveur du Roi Agrippa; mais Saint Paul en exceptoit fes liens, *exceptis vinculis his* : & nous, nous fouhaitons principalement, que l'Angleterre trop libre dans fa croiance, trop licentieufe dans fes fentimens, foit enchaînée comme nous de ces bienheureux liens, qui empêchent l'orgueil humain de s'égarer dans fes penfées, en le captivant fous l'autorité du Saint Efprit & de l'Eglife.

Aprés vous avoir expofé le premier effet de la Grace de Jesus-Christ en nôtre Princeffe, il me refte, Messieurs, de vous faire confiderer le dernier, qui couronnera tous les autres. C'eft par cette derniére grace que la mort change de nature pour les Chrétiens, puifqu'au lieu qu'elle fembloit eftre faite pour nous dépouïller de tout, elle commence, comme dit l'Apôtre, à nous revêtir, & nous affûre éternellement la poffeffion des biens veritables. Tant que nous fommes detenus dans cette demeure mortelle, nous vivons affujetis aux changemens, parce que, fi vous me permettez de parler ainfi, c'eft la Loi du païs que nous habitons; & nous ne poffedons aucun bien, même dans l'ordre de la Grace, que nous ne puiffions perdre un moment aprés par la mutabilité naturelle de nos defirs. Mais auffi-tôt qu'on ceffe pour nous de compter les heures, & de mefurer nôtre vie par les jours & par les années, fortis des figures qui paffent, & des ombres qui difparoiffent, nous arrivons au regne de la verité, où nous fommes affranchis de la Loi des changemens. Ainfi nôtre ame n'eft plus en peril; nos réfolutions ne vacillent plus; la mort, ou plûtôt la Grace de la perfeverance finale, a la force de les fixer : & de même que le Teftament de Jesus-Christ, par lequel il fe donne à nous, eft confirmé à jamais, fuivant le droit des Teftamens & la doctrine de l'Apôtre, par la mort de ce divin Teftateur; ainfi la mort du fidele fait que ce bienheureux Teftament, par lequel de nôtre côté nous nous donnons au Sauveur, devient irrévocable. Donc, Messieurs, fi je vous fais voir encore une fois Madame aux prifes avec la mort, n'apprehendez rien pour elle;

quelque cruelle que la mort vous paroiſſe, elle ne doit ſervir à cette fois que pour accomplir l'œuvre de la Grace, & ſceller en cette Princeſſe le conſeil de ſon éternelle prédeſtination. Voions donc ce dernier combat; mais encore un coup affermiſſons nous. Ne mêlons point de foibleſſe à une ſi forte action, & ne deshonorons point par nos larmes une ſi belle victoire. Voulez vous voir combien la Grace qui a fait triompher MADAME a été puiſſante? Voiez combien la mort a été terrible. Premiérement elle a plus de priſe ſur une Princeſſe qui a tant à perdre. Que d'années elle va ravir à cette jeuneſſe! Que de joie elle enleve à cette fortune! Que de gloire elle ôte à ce merite! D'ailleurs, peut-elle venir ou plus prompte ou plus cruelle? C'eſt ramaſſer toutes ſes forces, c'eſt unir tout ce qu'elle a de plus redoutable, que de joindre, comme elle fait, aux plus vives douleurs l'attaque la plus impréveuë. Mais quoi que ſans menacer, & ſans avertir elle ſe faſſe ſentir toute entiere dés le premier coup, elle trouve la Princeſſe prête. La Grace plus active encore l'a déjà miſe en défenſe. Ni la gloire, ni la jeuneſſe n'auront un ſoûpir. Un regret immenſe de ſes pechez ne lui permet pas de regretter autre choſe. Elle demande le Crucifix ſur lequel elle avoit veû expirer la Reine ſa belle-mere, comme pour y recueïllir les impreſſions de conſtance & de piété, que cette ame vraiment Chrétienne y avoit laiſſées avec les derniers ſoûpirs. A la veuë d'un ſi grand objet, n'attendez pas de cette Princeſſe des diſcours étudiez & magnifiques : une ſainte ſimplicité fait ici toute la grandeur. Elle s'écrie : *O mon Dieu, pourquoi n'ai-je pas toûjours mis en vous ma confiance?* Elle s'afflige, elle ſe raſſûre, elle confeſſe humblement, & avec tous les ſentimens d'une profonde douleur, que de ce jour ſeulement elle commence à connoître Dieu, n'appellant pas le connoître que de regarder encore tant foit peu le monde. Qu'elle nous parut au deſſus de ces lâches Chrétiens, qui s'imaginent avancer leur mort, quand ils préparent leur confeſſion; qui ne reçoivent les Saints Sacremens que par force : dignes certes de recevoir pour leur jugement ce miſtére de piété, qu'ils ne reçoivent qu'avec repugnance. Madame appelle les Prêtres plûtôt que les Médecins. Elle demande d'elle-même les Sacremens de l'Egliſe; la penitence avec compunction; l'Euchariſtie avec crainte, & puis avec confiance; la ſainte Onction des mourans avec un pieux empreſſement. Bien loin d'en être effraiée, elle veut la recevoir avec connoiſſance : elle écoute l'explication de ces ſaintes cerémonies, de ces priéres Apoſtoliques, qui par une eſpéce de charme divin ſuſpendent les douleurs les plus violentes, qui font oublier la mort (je l'ai veû ſouvent) à qui les écoute avec foi; elle les ſuit, elle s'y conforme; on lui voit paiſiblement preſenter ſon corps à cette huile ſacrée, ou plûtôt au Sang de Jesus, qui coule ſi abondamment avec cette précieuſe liqueur. Ne croiez pas que ſes exceſſives & inſupportables douleurs aient tant ſoit peu troublé ſa grande ame. Ah! je ne veux plus tant admirer les braves, ni les conquerans. Madame m'a fait connoître la vérité de cette parole du Sage : *Le patient vaut mieux que le brave; & celui qui domte ſon cœur, vaut mieux que celui qui prend des Villes.* Combien a-t-elle été maîtreſſe du ſièn? Avec quelle tranquillité a-t-elle ſatisfait à tous ſes devoirs? Rappelez en vôtre penſée ce qu'elle dit à Monsieur. Quelle force! quelle tendreſſe! O paroles qu'on voioit ſortir de l'abondance d'un cœur qui ſe ſent au deſſus de tout; paroles que la mort preſente, & Dieu plus preſent encore, ont conſacrées; ſincere production d'une ame, qui tenant au Ciel, ne doit plus rien à la Terre que la verité, vous vivrez éternellement dans la memoire des hommes, mais fur tout, vous vivrez éternellement dans le cœur de ce grand Prince. Madame ne peut plus réfifter aux larmes qu'elle lui voit répandre. Invincible par tout autre endroit, ici elle eft contrainte de céder. Elle prie Monsieur de fe retirer, parce qu'elle ne veut plus fentir de tendreffe que pour ce Dieu crucifié qui lui tend les bras. Alors qu'avons-nous veû ? Qu'avons-nous oui ? Elle fe conformoit aux ordres de Dieu ; elle lui offroit fes fouffrances, en expiation de fes fautes ; elle profeffoit hautement la Foi Catholique, & la Refurrection des morts, cette précieufe confolation des fideles mourans. Elle excitoit le zéle de ceux qu'elle avoit appellez pour l'exciter elle-même, & ne vouloit point qu'ils ceffaffent un moment de l'entretenir des veritez Chrétiennes. Elle fouhaita mille fois d'être plongée au Sang de l'Agneau ; c'étoit un nouveau langage que la Grace lui apprenoit. Nous ne voyons en elle, ni cette oftentation par laquelle on veut tromper les autres, ni ces émotions d'une ame alarmée, par lefquelles on fe trompe foi-même. Tout étoit fimple, tout étoit précis, tout étoit tranquille ; tout partoit d'une ame foumife, & d'une fource fanctifiée par le Saint Efprit.

En cét état, Messieurs, qu'avions-nous à demander à Dieu pour cette Princeffe, finon qu'il l'affermît dans le bien, & qu'il confervât en elle les dons de fa Grace ? Ce grand Dieu nous exauçoit ; mais fouvent, dit Saint Auguftin, en nous exauçant il trompe heureufement nôtre prévoiance. La Princeffe eft affermie dans le bien, d'une maniére plus haute que celle que nous entendions. Comme Dieu ne vouloit plus expofer aux illufions du monde les fentimens d'une piété fi fincére, il a fait ce que dit le Sage : *Il s'eſt hâté* (En effet, quelle diligence ? En neuf heures l'ouvrage eſt accompli) *Il s'eſt hâté de la tirer du milieu des iniquitez.* Voilà, dit le grand Saint Ambroiſe, la merveille de la mort dans les Chrétiens. Elle ne finit pas leur vie; elle ne finit que leur pechez, & les perils où ils ſont expoſez. Nous nous ſommes plaints que la mort, ennemie des fruits que nous promettoit la Princeſſe, les a ravagez dans la fleur; qu'elle a effacé, pour ainſi dire, ſous le pinceau même un tableau qui s'avançoit à la perfection avec une incroiable diligence, dont les premiers traits, dont le ſeul deſſein montroit déjà tant de grandeur. Changeons maintenant de langage; ne diſons plus que la mort a tout d'un coup arrêté le cours de la plus belle vie du monde, & de l'Hiſtoire qui ſe commençoit le plus noblement. Diſons qu'elle a mis fin aux plus grands perils dont une ame Chrétienne peut être aſſaillie. Et pour ne point parler ici des tentations infinies qui attaquent à chaque pas la foibleſſe humaine, quel péril n'eût point trouvé cette Princeſſe dans ſa propre gloire? La gloire : Qui a-t-il pour le Chrétien de plus pernicieux & de plus mortel? Quel appas plus dangereux ? Quelle fumée plus capable de faire tourner les meilleures têtes? Conſiderez la Princeſſe; repreſentez-vous cét eſprit, qui répandu par tout ſon exterieur, en rendoit les graces ſi vives : tout étoit eſprit, tout étoit bonté. Affable à tous avec dignité, elle ſçavoit eſtimer les uns ſans fâcher les autres; & quoi que le merite fût diſtingué, la foibleſſe ne ſe ſentoit pas dédaignée. Quand quelqu'un traitoit avec elle, il ſembloit qu'elle eût oublié ſon rang pour ne ſe ſoûtenir que par ſa raiſon. On ne s'appercevoit preſque pas qu'on parlât à une perſonne ſi élevée; on ſentoit ſeulement au fonds de son cœur qu'on eût voulu lui rendre au centuple la grandeur dont elle se dépoüilloit si obligeamment. Fidele en ses paroles, incapable de déguisement, sûre à ses amis, par la lumiére & la droiture de son esprit elle les mettoit à couvert des vains ombrages, & ne leur laissoit à craindre que leurs propres fautes. Très-reconnoissante des services, elle aimoit à prévenir les injures par sa bonté; vive à les sentir, facile à les pardonner. Que dirai-je de sa liberalité? Elle donnoit non seulement avec joie, mais avec une hauteur d'ame, qui marquoit tout ensemble, & le mépris du don, & l'estime de la personne. Tantôt par des paroles touchantes, tantôt même par son silence elle relevoit ses presens; & cét art de donner agréablement, qu'elle avoit si bien pratiqué durant sa vie, l'a suivie, je le sçai, jusqu'entre les bras de la mort. Avec tant de grandes & tant d'aimables qualitez, qui eust pû lui refuser son admiration? Mais avec son credit, avec sa puissance, qui n'eust voulu s'attacher à elle? N'alloit-elle pas gagner tous les cœurs? c'est à dire la seule chose qui reste à gagner à ceux à qui la naissance & la fortune semblent tout donner; & si cette haute elevation est un précipice affreux pour les Chrétiens, ne puis-je pas dire, MESSIEURS, pour me servir des paroles fortes du plus grave des Historiens, *qu'elle alloit être précipitée dans la gloire?* Car quelle créature fut jamais plus propre à être l'idole du monde? Mais ces idoles que le monde adore, à combien de tentations délicates ne sont-elles pas exposées? La gloire, il est vrai, les défend de quelques foiblesses; mais la gloire les défend-t-elle de la gloire même? Ne s'adorent-elles pas secretement? Ne veulent-elles pas être adorées? Que n'ont-elles pas à craindre de leur amour propre? Et que se peut refuser la foiblesse humaine, pendant que le monde lui accorde tout ? N'eſt-ce pas là qu'on apprend à faire ſervir à l'ambition, à la grandeur, à la politique, & la Vertu, & la Religion, & le Nom de Dieu ? La modération que le monde affecte, n'étoufe pas les mouvemens de la vanité ; elle ne ſert qu'à les cacher ; & plus elle ménage le dehors, plus elle livre le cœur aux ſentimens les plus délicats & les plus dangereux de la fauſſe gloire. On ne compte plus que ſoi-même ; & on dit au fonds de ſon cœur : *Je ſuis, & il n'y a que moi ſur la terre*. En cét état, Messieurs, la vie n'eſt-elle pas un peril ? La mort n'eſt-elle pas une grace ? Que ne doit-on craindre de ſes vices, ſi les bonnes qualitez ſont ſi dangereuſes ? N'eſt-ce donc pas un bienfait de Dieu d'avoir abregé les tentations avec les jours de Madame ? De l'avoir arrachée à ſa propre gloire, avant que cette gloire par ſon excés eût mis en hazard ſa modération ? Qu'importe que ſa vie ait été ſi courte ? Jamais ce qui doit finir ne peut être long. Quand nous ne compterions point ſes confeſſions plus exactes, ſes entretiens de devotion plus frequens, ſon application plus forte à la piété dans les derniers temps de ſa vie : ce peu d'heures ſaintement paſſées parmi les plus rudes épreuves, & dans les ſentimens les plus purs du Chriſtianiſme, tiennent lieu toutes ſeules d'un âge accompli. Le temps a été court, je l'avouë ; mais l'operation de la Grace a été forte ; mais la fidélité de l'ame a été parfaite. C'eſt l'effet d'un art conſommé de reduire en petit tout un grand ouvrage ; & la Grace, cette excellente ouvriére, ſe plaît quelquefois à renfermer en vn jour la perfection d'une longue vie. Je ſçai que Dieu ne veut pas qu'on s'attende à de tels miracles ; mais ſi la temerité inſenſée des hommes abuſe de ſes bontez, ſon bras pour cela n'eſt pas racourci, & ſa main n'eſt pas affoiblie. Je me confie pour Madame en cette misericorde, qu'elle a si sincerement & si humblement reclamée. Il semble que Dieu ne lui ait conservé le jugement libre jusques au dernier soûpir, qu'afin de faire durer les témoignages de sa Foi. Elle a aimé en mourant le Sauveur Jesus; les bras lui ont manqué plûtôt que l'ardeur d'embrasser la Croix; j'ai veû sa main défaillante chercher encore en tombant de nouvelles forces, pour appliquer sur ses lévres ce bien-heureux signe de nôtre Redemption : n'est-ce pas mourir entre les bras & dans le baiser du Seigneur? Ah! nous pouvons achever ce saint Sacrifice pour le repos de Madame, avec une pieuse confiance. Ce Jesus en qui elle a espéré, dont elle a porté la Croix en son corps, par des douleurs si cruelles, lui donnera encore son Sang, dont elle est déjà toute teinte, toute penetrée, par la participation à ses Sacremens, & par la Communion avec ses souffrances. Mais en priant pour son ame, Chre'tiens, songeons à nous-mêmes. Qu'attendons-nous pour nous convertir? Et quelle dureté est semblable à la nôtre, si un accident si étrange qui devroit nous penetrer jusqu'au fonds de l'ame, ne fait que nous étourdir pour quelques momens? Attendons-nous que Dieu ressuscite des morts pour nous instruire? Il n'est point necessaire que les morts reviennent, ni que quelqu'un sorte du tombeau; ce qui entre aujourd'hui dans le tombeau, doit suffire pour nous convertir. Car si nous sçavons nous connoître, nous confesserons, Chre'tiens, que les veritez de l'Eternité sont assez bien établies; nous n'avons rien que de foible à leur opposer; c'est par passion, & non par raison, que nous osons les combattre. Si quelque chose les empêche de regner sur nous, ces saintes & salutaires veritez, c'est que le monde nous occupe; c'est que les sens nous enchantent; c'est que le préfent nous entraîne. Faut-il un autre fpectacle pour nous détromper, & des fens, & du prefent, & du monde? La Providence divine pouvoit-elle nous mettre en veuë, ni de plus prés, ni plus fortement, la vanité des chofes humaines? Et fi nos cœurs s'endurciffent après un avertiffement fi fenfible, que lui refte-t-il autre chofe, que de nous fraper nous mêmes fans mifericorde? Prévenons un coup fi funefte, & n'attendons pas toûjours des miracles de la Grace. Il n'eft rien de plus odieux à la fouveraine Puiffance, que de la vouloir forcer par des exemples, & de lui faire une loi de fes graces & de fes faveurs. Recevez donc fans differer fes infpirations, & ne tardez-pas à vous convertir. Quoi? Le charme de fentir eft-il fi fort que nous ne puiffions rien prévoir? Les adorateurs des grandeurs humaines, feront-ils fatisfaits de leur fortune, quand ils verront que dans un moment leur gloire paffera à leur nom, leurs titres à leurs tombeaux, leurs biens à des ingrats, & leurs dignitez peut-être à leurs envieux? Que fi nous fommes affûrez qu'il viendra vn dernier jour, où la mort nous forcera de confeffer toutes nos erreurs, pourquoi ne pas méprifer par raifon, ce qu'il faudra un jour méprifer par force? Et quel eft nôtre aveuglement, fi toûjours avançans vers nôtre fin, & plûtôt mourans que vivans, nous attendons les derniers foûpirs pour prendre les fentimens que la feule penfée de la mort nous devroit infpirer à tous les momens de nôtre vie? Commencez aujourd'hui à méprifer les faveurs du monde: & toutes les fois que vous ferez dans ces lieux auguftes, dans ces fuperbes Palais, à qui Madame donnoit un éclat, que vos yeux recherchent encore; toutes les fois, que regardant cette grande place qu'elle rempliffoit fi bien, vous fentirez qu'elle y manque : fongez que cette gloire que vous admiriez faifoit fon peril en cette vie, & que dans l'autre elle eft deveneuë le fujet d'un examen rigoureux, où rien n'a été capable de la raffûrer que cette fincere refignation qu'elle a euë aux ordres de Dieu, & les faintes humiliations de la Penitence.

## EXTRAIT DV PRIVILEGE DV ROI.

Par Lettres Patentes du Roi, données à Paris le 12. Octobre 1670. fignées d'ALENCÉ, & fcellées du grand Sceau de cire jaune, il eſt permis à SEBASTIEN MABRE-CRAMOISY Imprimeur de Sa Majeſté, & Directeur de ſon Imprimerie Roiale du Louvre, d'imprimer *l'Oraiſon Funébre de* MADAME, *Ducheſſe d'Orleans, prononcée à Saint Denis par Monſeigneur* L'EVESQUE DE CONDOM : Avec défenſes à toutes perſonnes, de quelque qualité & condition qu'elles ſoient, d'imprimer, ou faire imprimer ladite Oraiſon Funébre, ſous les peines portées par leſdites Lettres.

# ORAISON FUNEBRE

DE

## MARIE TERESE

# D'AUSTRICHE

## INFANTE D'ESPAGNE

### REINE DE FRANCE ET DE NAVARRE

*Prononcée à Saint Denis
le premier de Septembre 1683.*

### Par Messire Jacques Benigne BOSSUET

Evefque de Meaux,
Confeiller du Roy en fes Confeils,
Cy-devant Précepteur de Monfeigneur le Dauphin, Premier Aumofnier
de Madame la Dauphine.

---

## A PARIS

Chez Sebastien MABRE-CRAMOISY
Imprimeur du Roy, ruë S. Jacques

### Aux Cicognes

M. DC. LXXXIII.

*Avec Privilege de Sa Maiefté*

# ORAISON FUNEBRE
## DE MARIE TERESE
# D'AUTRICHE,
### *INFANTE D'ESPAGNE,*
#### REINE DE FRANCE ET DE NAVARRE.

> *Sine macula enim sunt ante thronum Dei.*
> Apoc. 14. 5.
>
> Ils sont sans tache devant le thrône de Dieu.
> Paroles de l'Apostre Saint Jean dans
> sa révélation, *chap. 14.*

Monseigneur,

UELLE assemblée l'Apostre Saint Jean nous fait paroistre. Ce grand Prophete nous ouvre le Ciel, & nostre Foy y découvre *sur la sainte montagne de Sion*, dans la partie la plus élevée de la Jérusalem bienheureuse, l'Agneau qui oste le peché du monde, avec une compagnie digne de luy. C'est ceux dont il est écrit au commencement de l'Apocalypse : *Il y a dans l'Eglise de Sardis un petit nombre de Fideles. pauca nomina,*

*qui n'ont pas souillé leurs vestemens* : ces riches vestemens dont le Baptesme les a revestus ; vestemens qui ne font rien moins que Jesus-Christ mesme, selon ce que dit l'Apostre : *Vous tous qui avez esté baptisez, vous avez esté revestus de Jesus-Christ.* Ce petit nombre cheri de Dieu pour son innocence & remarquable par la rareté d'un don si exquis, a sçeû conserver ce précieux vestement, & la grace du Baptesme. Et quelle sera la récompense d'une si rare fidelité ? Ecoutez parler le Juste & le Saint : *Ils marchent*, dit-il, *avec moy, revestus de blanc, parce qu'ils en sont dignes ;* dignes par leur innocence de porter dans l'éternité la livrée de l'Agneau sans tache, & de marcher toûjours avec luy, puisque jamais ils ne l'ont quitté depuis qu'il les a mis dans sa compagnie : ames pures & innocentes ; *ames vierges*, comme les appelle Saint Jean, au mesme sens que Saint Paul disoit à tous les Fideles de Corinthe : *Je vóus ay promis, comme une vierge pudique, à un seul homme, qui est Jesus-Christ.* La vraye chasteté de l'ame, la vraye pudeur chrestienne est de rougir du peché, de n'avoir d'yeux ni d'amour que pour Jesus-Christ, & de tenir toûjours ses sens épurez de la corruption du siecle. C'est dans cette troupe innocente & pure que la Reine a esté placée : l'horreur qu'elle a toûjours eû du peché luy a merité cét honneur. La Foy qui pénetre jusqu'aux Cieux nous la fait voir aujourd'huy dans cette bienheureuse compagnie. Il me semble que je reconnois cette modestie, cette paix, ce recueïllement que nous luy voyions devant les Autels, qui inspiroit du respect pour Dieu & pour elle : Dieu ajoûte à ces saintes dispositions le transport d'une joye celeste. La mort ne l'a point changée, si ce n'est qu'une immortelle beauté a pris la place d'une beauté changeante & mortelle. Cette éclatante blancheur, symbole de son innocence & de la candeur de fon ame, n'a fait, pour ainfi parler, que paffer au dedans où nous la voyons rehauffée d'une lumiere divine. *Elle marche avec l'Agneau, car elle en eft digne.* La fincerité de fon cœur fans diffimulation & fans artifice la range au nombre de ceux dont Saint Jean a dit dans les paroles qui précedent celles de mon texte, que *le menfonge ne s'eft point trouvé en leur bouche,* ni aucun déguifement dans leur conduite : *ce qui fait qu'on les voit fans tache devant le thrône de Dieu. Sine macula funt enim ante thronum Dei.* En effet, elle eft fans reproche devant Dieu & devant les hommes : la médifance ne peut attaquer aucun endroit de fa vie depuis fon enfance jufqu'à fa mort ; & une gloire fi pure, une fi belle réputation eft un parfum précieux qui réjoûït le Ciel & la terre.

MONSEIGNEUR, ouvrez les yeux à ce grand fpectacle. Pouvois-je mieux effuyer vos larmes, celles des Princes qui vous environnent, & de cette Augufte Affemblée, qu'en vous faifant voir au milieu de cette troupe refplendiffante, & dans cét état glorieux une Mere fi cherie & fi regretée ? LOUIS mefme, dont la conftance ne peut vaincre fes juftes douleurs, les trouveroit plus traitables dans cette penfée. Mais ce qui doit eftre voftre unique confolation, doit auffi, MONSEIGNEUR, eftre voftre exemple ; & ravi de l'éclat immortel d'une vie toûjours fi reglée, & toûjours fi irreprochable, vous devez en faire paffer toute la beauté dans la voftre.

Qu'il eft rare, CHRESTIENS, qu'il eft rare encore une fois, de trouver cette pureté parmi les hommes ! mais fur tout, qu'il eft rare de la trouver parmi les Grands ! *Ceux que vous voyez reveftus d'une robe blanche, ceux-là,* dit Saint Jean, *viennent d'une grande affliction, de tribulatione magna ;* afin que nous entendions que cette divine blancheur fe forme ordinairement fous la croix,

& rarement dans l'éclat trop plein de tentation, des grandeurs humaines.

Et toutefois il eft vray, Messieurs, que Dieu, par un miracle de fa Grace, fe plaift à choifir parmi les Rois, de ces ames pures. Tel a efté Saint Louïs, toûjours pur & toûjours faint dés fon enfance, & Marie Terese fa fille a eû de luy ce bel héritage.

Entrons, Messieurs, dans les deffeins de la Providence, & admirons les bontez de Dieu qui fe répandent fur nous & fur tous les peuples dans la prédeftination de cette Princeffe. Dieu l'a élevée au faifte des grandeurs humaines, afin de rendre la pureté & la perpetuelle régularité de fa vie plus éclatante & plus exemplaire. Ainfi fa vie & fa mort également pleines de fainteté & de grace, deviennent l'inftruction du genre humain. Noftre fiecle n'en pouvoit recevoir de plus parfaite, parce qu'il ne voyoit nulle part dans une fi haute élevation une pareille pureté. C'eft ce rare & merveilleux affemblage que nous aurons à confiderer dans les deux parties de ce difcours. Voicy en peu de mots ce que j'ay à dire de la plus pieufe des Reines, & tel eft le digne abregé de fon éloge : Il n'y a rien que d'augufte dans fa perfonne, il n'y a rien que de pur dans fa vie. Accourez peuples : venez contempler dans la premiere place du monde la rare & majeftueufe beauté d'une vertu toûjours conftante. Dans une vie fi égale, il n'importe pas à cette Princeffe où la mort frape ; on n'y voit point d'endroit foible par où elle puft craindre d'eftre furprife : toûjours vigilante, toûjours attentive à Dieu & à fon falut, fa mort fi précipitée & fi effroyable pour nous, n'avoit rien de dangereux pour elle. Ainfi fon élevation ne fervira qu'à faire voir à tout l'Univers, comme du lieu le plus éminent qu'on découvre dans fon enceinte, cette importante verité : qu'il n'y a rien de folide, ni de vrayment grand parmi les hommes que d'éviter le peché, & que la feule précaution contre les attaques de la mort, c'eft l'innocence de la vie. C'eft, Messieurs, l'inftruction que nous donne dans ce tombeau, ou pluftoft du plus haut des Cieux, Tres-Haute, Tres-Excellente, Tres-Puissante, et Tres-Chrestienne Princesse Marie Terese d'Austriche, Infante d'Espagne, Reine de France et de Navarre.

Je n'ay pas befoin de vous dire que c'eft Dieu qui donne les grandes naiffances, les grands mariages, les enfans, la pofterité. C'eft luy qui dit à Abraham : *Les Rois fortiront de vous*, & qui fait dire par fon Prophete à David : *Le Seigneur vous fera une maifon*. Dieu qui d'un feul homme a voulu former tout le genre humain, comme dit Saint Paul, & de cette fource commune *le répandre fur toute la face de la terre*, en a veû & prédeftiné dés l'éternité les alliances & les divifions, *marquant les temps*, pourfuit-il, *& donnant des bornes à la demeure des peuples*, & enfin un cours reglé à toutes ces chofes. C'eft donc Dieu qui a voulu élever la Reine par une augufte naiffance à un augufte mariage, afin que nous la viffions honorée au deffus de toutes les femmes de fon fiecle, pour avoir efté cherie, eftimée, & trop toft, helas, regretée par le plus grand de tous les hommes !

Que je méprife ces Philofophes, qui mefurant les confeils de Dieu à leurs penfées ne le font auteur que d'un certain ordre général d'où le refte fe dévelope comme il peut? Comme s'il avoit à noftre maniere des veûës générales & confufes, & comme fi la fouveraine Intelligence pouvoit ne pas comprendre dans fes deffeins les chofes particulieres qui feules fubfiftent veritablement. N'en doutons pas, Chrestiens : Dieu a préparé dans fon confeil éternel les premieres familles qui font la fource des nations, & dans toutes les nations les qualitez dominantes qui en devoient faire la fortune. Il a auffi ordonné dans les nations les familles particulieres dont elles font compofées, mais principalement celles qui devoient gouverner ces nations, & en particulier dans ces familles tous les hommes par lefquels elles devoient ou s'élever, ou fe fouftenir, ou s'abbatre.

C'eft par la fuite de ces confeils que Dieu a fait naiftre les deux puiffantes Maifons d'où la Reine devoit fortir, celle de France & celle d'Auftriche, dont il fe fert pour balancer les chofes humaines : jufqu'à quel degré & jufqu'à quel temps, il le fçait, & nous l'ignorons.

On remarque dans l'Ecriture que Dieu donne aux Maifons Royales certains caracteres propres, comme celuy que les Syriens, quoy qu'ennemis des Rois d'Ifraël, leur attribuent par ces paroles : *Nous avons appris que les Rois de la Maifon d'Ifraël font clemens.*

Je n'examineray pas les caracteres particuliers qu'on a donnez aux Maifons de France & d'Auftriche : & fans dire que l'on redoutoit davantage les confeils de celle d'Auftriche, ni qu'on trouvoit quelque chofe de plus vigoureux dans les armes & dans le courage de celle de France, maintenant que par une grace particuliere ces deux caracteres fe réüniffent vifiblement en noftre faveur, je remarqueray feulement ce qui faifoit la joye de la Reine, c'eft que Dieu avoit donné à ces deux Maifons d'où elle eft fortie, la pieté en partage ; de forte que *fanctifiée*, qu'on m'entende bien, c'eft-à-dire confacrée à la fainteté par fa naiffance felon la doctrine de Saint Paul, elle difoit avec cét Apoftre : *Dieu, que ma famille a toûjours fervi,* & à qui je fuis dédiée *par mes Anceftres. Deus cui fervio à progenitoribus.*

Que s'il faut venir au particulier de l'augufte Maifon d'Auftriche, que peut-on voir de plus illuftre que fa descendance immediate, où durant l'espace de quatre cens ans on ne trouve que des Rois & des Empereurs, & une si grande affluence de Maisons Royales, avec tant d'Etats & tant de Royaumes, qu'on a préveû il y a long-temps qu'elle en seroit surchargée?

Qu'est-il besoin de parler de la Tres-Chrestienne Maison de France, qui par sa noble constitution est incapable d'estre assujetie à une famille étrangere : qui est toûjours dominante dans son Chef : qui seule dans tout l'Univers & dans tous les siecles se voit après sept cens ans d'une Royauté établie (sans compter ce que la grandeur d'une si haute origine fait trouver ou imaginer aux curieux observateurs des antiquitez) seule, dis-je, se voit après tant de siecles encore dans sa force & dans sa fleur, & toûjours en possession du Royaume le plus illustre qui fut jamais sous le soleil, & devant Dieu & devant les hommes : devant Dieu, d'une pureté inalterable dans la Foy; & devant les hommes, d'une si grande dignité, qu'il a pû perdre l'Empire sans perdre sa gloire ni son rang?

La Reine a eû part à cette Grandeur, non seulement par la riche & fiere Maison de Bourgogne, mais encore par Isabelle de France sa mere, digne fille de Henri le Grand, & de l'aveu de l'Espagne, la meilleure Reine, comme la plus regretée, qu'elle eust jamais veûë sur le thrône : triste rapport de cette Princesse avec la Reine sa fille. Elle avoit à peine quarante-deux ans quand l'Espagne la pleura; & pour nostre malheur la vie de MARIE TERESE n'a guéres eû un plus long cours. Mais la sage, la courageuse & la pieuse Isabelle devoit une partie de sa gloire aux malheurs de l'Espagne, dont on sçait qu'elle trouva le remede par un zele & par des conseils qui ranimerent les Grands & les peuples, &, si on le peut dire, le Roy mesme. Ne nous plaignons pas,

CHRESTIENS, de ce que la Reine fa fille dans un état plus tranquille donne auſſi un ſujet moins vif à nos diſcours, & contentons-nous de penſer que dans des occaſions auſſi malheureuſes dont Dieu nous a préſervez, nous y euſſions pû trouver les meſmes reſſources.

Avec quelle application & quelle tendreſſe Philippe IV. fon pere ne l'avoit-il pas élevée! On la regardoit en Eſpagne non pas comme une Infante, mais comme un Infant; car c'eſt ainſi qu'on y appelle la Princeſſe qu'on reconnoiſt comme héritiere de tant de Royaumes. Dans cette veûë on approcha d'elle tout ce que l'Eſpagne avoit de plus vertueux & de plus habile. Elle ſe vit, pour ainſi parler, dés ſon enfance toute environnée de vertus; & on voyoit paroiſtre en cette jeune Princeſſe plus de belles qualitez qu'elle n'attendoit de couronnes. Philippe l'éleve ainſi pour ſes Eſtats : Dieu qui nous aime la deſtine à LOUIS.

Ceſſez, Princes & Potentats, de troubler par vos prétentions le projet de ce Mariage. Que l'Amour qui ſemble auſſi le vouloir troubler, cede luy-meſme. L'Amour peut bien remuer le cœur des Heros du monde; il peut bien y ſoulever des tempeſtes & y exciter des mouvemens qui faſſent trembler les Politiques, & qui donnent des eſperances aux inſenſez : mais il y a des ames d'un ordre ſuperieur à ſes loix, à qui il ne peut inſpirer des ſentimens indignes de leur rang. Il y a des meſures priſes dans le Ciel qu'il ne peut rompre; & l'Infante non-ſeulement par ſon auguſte naiſſance, mais encore par ſa vertu & par ſa réputation eſt ſeule digne de LOUIS.

C'eſtoit *la femme prudente qui eſt donnée proprement par le Seigneur*, comme dit le Sage. Pourquoy *donnée proprement par le Seigneur*, puis que c'eſt le Seigneur qui donne tout; & quel eſt ce merveilleux avantage qui merite d'eftre attribué d'une façon fi particuliere à la divine bonté? Il ne faut pour l'entendre que confiderer ce que peut dans les Maifons la prudence temperée d'une femme fage pour les fouftenir, pour y faire fleurir dans la pieté la veritable fageffe, & pour calmer des paffions violentes qu'une réfiftance emportée ne feroit qu'aigrir.

Ifle pacifique où fe doivent terminer les differends de deux grands Empires à qui tu fers de limites : Ifle éternellement mémorable par les Conferences de deux grands Miniftres ; où l'on vit déveloper toutes les adreffes & tous les fecrets d'une politique fi differente ; où l'un fe donnoit du poids par fa lenteur, & l'autre prenoit l'afcendant par fa pénétration : augufte Journée où deux fieres nations long-temps ennemies, & alors réconciliées par Marie Terese s'avancent fur leurs confins, leurs Rois à leur tefte, non plus pour fe combattre, mais pour s'embraffer; où ces deux Rois avec leur Cour d'une grandeur, d'une politeffe, & d'une magnificence auffi-bien que d'une conduite fi differente, furent l'un à l'autre & à tout l'Univers un fi grand fpectacle : Feftes facrées, Mariage fortuné, Voile nuptial, Benediction, Sacrifice, puis-je mefler aujourd'huy vos céremonies & vos pompes avec ces pompes funebres, & le comble des grandeurs avec leurs ruines ? Alors l'Efpagne perdit ce que nous gagnions : maintenant nous perdons tous les uns & les autres; & Marie Terese perit pour toute la terre. L'Efpagne pleuroit feule : maintenant que la France & l'Efpagne meflent leurs larmes, & en verfent des torrens, qui pourroit les arrefter ? Mais fi l'Efpagne pleuroit fon Infante qu'elle voyoit monter fur le throne le plus glorieux de l'Univers, quels feront nos gemiffemens à la veûë de ce tombeau, où tous enfemble nous ne voyons plus que l'inévitable néant des grandeurs humaines ? Taifons-nous : ce n'eft pas des larmes que je veux tirer de vos yeux. Je pofe les fondemens des inftructions que je veux graver dans vos cœurs : auffi-bien la vanité des chofes humaines tant de fois étalée dans cette chaire, ne fe montre que trop d'elle-mefme fans le fecours de ma voix, dans ce Sceptre fitoft tombé d'une fi royale main, & dans une fi haute Majefté fi promptement diffipée.

Mais ce qui en faifoit le plus grand éclat n'a pas encore paru. Une Reine fi grande par tant de titres, le devenoit tous les jours par les grandes actions du Roy & par le continuel accroiffement de fa gloire. Sous luy la France a appris à fe connoiftre. Elle fe trouve des forces que les fiecles précedens ne fçavoient pas : l'ordre & la difcipline militaire s'augmentent avec les armées. Si les François peuvent tout, c'eft que leur Roy eft par tout leur Capitaine ; & aprés qu'il a choifi l'endroit principal qu'il doit animer par fa valeur, il agit de tous coftez par l'impreffion de fa vertu.

Jamais on n'a fait la guerre avec une force plus inévitable, puis qu'en méprifant les faifons, il a ofté jufqu'à la défenfe à fes ennemis. Les foldats ménagez & expofez quand il faut, marchent avec confiance fous fes étendarts : nul fleuve ne les arrefte, nulle fortereffe ne les effraye. On fçait que Louis foudroye les villes plûtoft qu'il ne les affiege, & tout eft ouvert à fa puiffance.

Les Politiques ne fe meflent plus de deviner fes deffeins. Quand il marche, tout fe croit également menacé : un voyage tranquille devient tout-à-coup une expedition redoutable à fes ennemis. Gand tombe avant qu'on penfe à le munir : Louis y vient par de longs détours ; & la Reine qui l'accompagne au cœur de l'hyver, joint au plaifir de le fuivre celuy de fervir fecrettement à fes deffeins.

Par les foins d'un fi grand Roy, la France entiere n'eft plus, pour ainfi parler, qu'une feule fortereffe qui montre de tous coftez un front redoutable. Couverte de toutes parts, elle eft capable de tenir la paix avec feûreté dans fon fein, mais auffi de porter la guerre par tout où il faut, & de fraper de prés & de loin avec une égale force. Nos ennemis le fçavent bien dire, & nos alliez ont reffenti dans le plus grand éloignement, com bien la main de Louis eftoit fecourable.

Avant luy, la France prefque fans vaiffeaux, tenoit en vain aux deux mers : maintenant on les voit couvertes depuis le Levant jufqu'au Couchant de nos Flotes victorieufes, & la hardieffe Françoife porte par tout la terreur avec le nom de Louis. Tu cederas, ou tu tomberas fous ce vainqueur, Alger riche des dépouïlles de la Chreftienté. Tu difois en ton cœur avare ; Je tiens la mer fous mes loix, & les nations font ma proye. La legereté de tes vaiffeaux te donnoit de la confiance : mais tu te verras attaquée dans tes murailles, comme un oifeau raviffant qu'on iroit chercher parmi fes rochers & dans fon nid, où il partage fon butin à fes petits. Tu rends déja tes efclaves. Louis a brifé les fers dont tu accablois fes Sujets qui font nez pour eftre libres fous fon glorieux Empire. Tes maifons ne font plus qu'un amas de pierres. Dans ta brutale fureur tu te tournes contre toy-mefme, & tu ne fçais comment affouvir ta rage impuiffante. Mais nous verrons la fin de tes brigandages. Les Pilotes étonnez s'écrient par avance, *Qui eft femblable à Tyr ? & toutefois elle s'eft tuë dans le milieu de la mer ;* & la navigation va eftre affeûrée par les armes de Louis.

L'éloquence s'eft épuifée à loûër la fageffe de fes loix & l'ordre de fes Finances. Que n'a-t-on pas dit de fa fermeté, à laquelle nous voyons ceder jufqu'à la fureur des Duels? La févere Juftice de Louis jointe à fes inclinations bienfaifantes fait aimer à la France l'autorité fous laquelle heureufement réünie elle eft tranquille & victorieufe. Qui veut entendre combien la raifon préfide dans les confeils de ce Prince, n'a qu'à prefter l'oreille quand il luy plaift d'en expliquer les motifs. Je pourrois icy prendre à témoin les fages Miniftres des Cours étrangeres, qui le trouvent auffi convaincant dans fes difcours que redoutable par fes armes. La nobleffe de fes expreffions vient de celle de fes fentimens, & fes paroles précifes font l'image de la juftefle qui regne dans fes penfées. Pendant qu'il parle avec tant de force, une douceur furprenante luy ouvre les cœurs, & donne je ne fçay comment un nouvel éclat à la Majefté qu'elle tempere.

N'oublions pas ce qui faifoit la joye de la Reine. Louis eft le rempart de la Religion : c'eft à la Religion qu'il fait fervir fes armes redoutées par mer & par terre. Mais fongeons qu'il ne l'établit par tout au dehors que parce qu'il la fait regner au dedans & au milieu de fon cœur. C'eft là qu'il abbat des ennemis plus terribles que ceux que tant de Puiffances jaloufes de fa grandeur, & l'Europe entiere pourroit armer contre luy. Nos vrais ennemis font en nous-mefmes, & Louis combat ceux-là plus que tous les autres. Vous voyez tomber de toutes parts les Temples de l'Héréfie : ce qu'il renverfe au dedans eft un facrifice bien plus agréable ; & l'ouvrage du Chreftien, c'eft de détruire les paffions qui feroient de nos cœurs un Temple d'Idoles. Que ferviroit à Louis d'avoir étendu fa gloire par tout où s'étend le genre humain ? Ce ne luy eft rien d'eftre l'homme que les autres hommes admirent : il veut eftre, avec David, *l'homme felon le cœur de Dieu.*

C'eſt pourquoy Dieu le benit. Tout le genre humain demeure d'accord qu'il n'y a rien de plus grand que ce qu'il fait, ſi ce n'eſt qu'on veuïlle compter pour plus grand encore tout ce qu'il n'a pas voulu faire, & les bornes qu'il a données à ſa puiſſance. Adorez donc, O Grand Roy, celuy qui vous fait regner, qui vous fait vaincre, & qui vous donne dans la victoire, malgré la fierté qu'elle inſpire, des ſentimens ſi moderez ! Puiſſe la Chreſtienté ouvrir les yeux, & reconnoiſtre le vengeur que Dieu luy envoye. Pendant, ô malheur, ô honte, ô juſte punition de nos pechez ! pendant, dis-je, qu'elle eſt ravagée par les Infideles qui pénetrent juſqu'à ſes entrailles ; que tarde-t-elle à ſe ſouvenir & des ſecours de Candie, & de la fameuſe Journée du Raab, où Louis renouvella dans le cœur des Infideles l'ancienne opinion qu'ils ont des armes Françoiſes fatales à leur tyrannie, & par des exploits inouïs devint le rempart de l'Auſtriche dont il avoit eſté la terreur ?

Ouvrez donc les yeux, Chrestiens, & regardez ce Heros, dont nous pouvons dire, comme Saint Paulin diſoit du Grand Theodoſe, que nous voyons en Louis, *non un Roy, mais un ſerviteur de Jeſus-Chriſt, & un Prince qui s'éleve audeſſus des hommes plus encore par ſa Foy que par ſa Couronne.* In Theodoſio non Imperatorem, ſed Chriſti ſervum, nec regno, ſed fide Principem prædicamus.

C'eſtoit, Messieurs, d'un tel Heros que Marie Terese devoit partager la gloire d'une façon particuliere, puis que non contente d'y avoir part comme compagne de ſon thrône, elle ne ceſſoit d'y contribuer par la perſeverance de ſes vœux.

Pendant que ce grand Roy la rendoit la plus illuſtre de toutes les Reines, vous la faiſiez, Monseigneur, la plus illuſtre de toutes les Meres. Vos reſpects l'ont consolée de la perte de ses autres enfans. Vous les luy avez rendus : elle s'est veûë renaistre dans ce Prince qui fait vos délices & les nostres ; & elle a trouvé une fille digne d'elle dans cette auguste Princesse, qui par son rare mérite autant que par les droits d'un nœud sacré ne fait avec vous qu'un mesme cœur. Si nous l'avons admirée dés le moment qu'elle parut, le Roy a confirmé nostre jugement ; & maintenant devenuë, malgré ses souhaits, la principale décoration d'une Cour dont un si grand Roy fait le soustien, elle est la consolation de toute la France.

Ainsi nostre Reine, heureuse par sa naissance, qui luy rendoit la pieté aussi-bien que la grandeur comme héreditaire, par sa sainte éducation, par son mariage, par la gloire & par l'amour d'un si grand Roy, par le mérite & par les respects de ses enfans, & par la vénération de tous les peuples, ne voyoit rien sur la terre qui ne fust audessous d'elle. Elevez maintenant, ô Seigneur, & mes pensées & ma voix ! Que je puisse representer à cette auguste Audiance l'incomparable beauté d'une ame que vous avez toûjours habitée, qui n'a jamais *affligé vostre Esprit Saint*, qui jamais n'a perdu *le goust du don celeste* ; afin que nous commencions malheureux pecheurs à verser sur nous-mesmes un torrent de larmes, & que ravis des chastes attraits de l'innocence, jamais nous ne nous lassions d'en pleurer la perte.

A la verité, CHRESTIENS, quand on voit dans l'Evangile la brebis perduë preferée par le bon Pasteur à tout le reste du troupeau ; quand on y lit cét heureux retour du Prodigue retrouvé, & ce transport d'un pere attendri qui met en joye toute sa famille : on est tenté de croire que la penitence est preferée à l'innocence mesme, & que le Prodigue retourné reçoit plus de graces que son aisné, qui ne s'est jamais échapé de la maison paternelle. Il est l'aisné toutefois, & deux mots que luy dit son pere luy font bien entendre qu'il n'a pas perdu ses avantages : *Mon fils*, luy dit-il, *vous estes toûjours avec moy, & tout ce qui est à moy est à vous.* Cette parole, MESSIEURS, ne se traite gueres dans les chaires, parce que cette inviolable fidelité ne se trouve gueres dans les mœurs. Expliquons-la toutefois, puis que nostre illustre sujet nous y conduit, & qu'elle a une parfaite conformité avec nostre texte. Une excellente doctrine de Saint Thomas nous la fait entendre, & concilie toutes choses. Dieu témoigne plus d'amour au juste toûjours fidele; il en témoigne davantage aussi au pecheur réconcilié; mais en deux manieres differentes. L'un paroistra plus favorisé, si l'on a égard à ce qu'il est; & l'autre, si l'on remarque d'où il est sorti. Dieu conserve au juste un plus grand don ; il retire le pecheur d'un plus grand mal. Le juste semblera plus avantagé, si l'on pese son mérite; & le pecheur plus cheri, si l'on considere son indignité. Le pere du Prodigue l'explique luy-mesme : *Mon fils, vous estes toûjours avec moy, & tout ce qui est à moy est à vous ;* c'est ce qu'il dit à celuy à qui il conserve un plus grand don : *Il falloit se réjoüir parce que vostre frere estoit mort, & il est ressuscité;* c'est ainsi qu'il parle de celuy qu'il retire d'un plus grand abisme de maux. Ainsi les cœurs sont saisis d'une joye soudaine par la grace inesperée d'un beau jour d'hiver, qui aprés un temps pluvieux vient réjoüir tout d'un coup la face du monde; mais on ne laisse pas de luy préferer la constante serenité d'une saison plus benigne · & s'il nous est permis d'expliquer les sentimens du Sauveur par ces sentimens humains, il s'émeut plus sensiblement sur les pecheurs convertis, qui sont sa nouvelle conqueste; mais il réserve une plus douce familiarité aux juftes, qui font fes anciens & perpetuels amis : puis que s'il dit, parlant du Prodigue : *Qu'on luy rende fa premiere robe*, il ne luy dit pas toutefois : *Vous eftes toûjours avec moy ;* ou, comme Saint Jean le répete dans l'Apocalypfe : *Ils font toûjours avec l'Agneau, & paroiffent fans tache devant fon thrône. Sine macula funt ante thronum Dei.*

Comment fe conferve cette pureté dans ce lieu de tentations, & parmi les illufions des grandeurs du monde, vous l'apprendrez de la Reine. Elle eft de ceux dont le Fils de Dieu a prononcé dans l'Apocalypfe : *Celuy qui fera victorieux, je le feray comme une colonne dans le temple de mon Dieu. Faciam illum columnam in templo Dei mei.* Il en fera l'ornement, il en fera le fouftien par fon exemple : il fera haut, il fera ferme. Voilà déja quelque image de la Reine. *Il ne fortira jamais du temple. Foras non egredietur amplius.* Immobile comme une colonne, il aura fa demeure fixe dans la maifon du Seigneur, & n'en fera jamais feparé par aucun crime. *Je le feray*, dit Jefus-Chrift, & c'eft l'ouvrage de ma grace. Mais comment affermira-t-il cette colonne ? Ecoutez, voicy le myftere : & *J'écriray deffus*, pourfuit le Sauveur : j'éleveray la colonne ; mais en mefme temps je mettray deffus une infcription mémorable. Hé, qu'écrirez-vous, ô Seigneur ! Trois noms feulement, afin que l'infcription foit auffi courte que magnifique : *J'y écriray*, dit-il, *le nom de mon Dieu, & le nom de la cité de mon Dieu la nouvelle Jerufalem, & mon nouveau nom.* Ces noms, comme la fuite le fera paroiftre, fignifient une foy vive dans l'interieur, les pratiques exterieures de la pieté dans les faintes obfervances de l'Eglife, & la frequentation des faints Sacremens : trois moyens de conferver l'innocence, & l'abregé de la vie de noftre fainte Princeffe. C'eft ce que vous verrez écrit fur la colonne, & vous lirez dans fon infcription les caufes de fa fermeté : & d'abord : *J'y écriray*, dit-il, *le nom de mon Dieu*, en luy infpirant une Foy vive. C'eft, Messieurs, par une telle Foy que le nom de Dieu eft gravé profondement dans nos cœurs. Une Foy vive eft le fondement de la ftabilité que nous admirons : car d'où viennent nos inconftances, fi ce n'eft de noftre Foy chancelante ? Parce que ce fondement eft mal affermi, nous craignons de baftir deffus, & nous marchons d'un pas douteux dans le chemin de la vertu. La Foy feule a de quoy fixer l'efprit vacillant ; car écoutez les qualitez que Saint Paul luy donne : *Fides fperandarum fubftantia rerum*. La *Foy*, dit-il, *eft une fubftance*, un folide fondement, un ferme fouftien. Mais de quoy ? De ce qui fe voit dans le monde. Comment donner une confiftence, ou, pour parler avec Saint Paul, *une fubftance*, & un corps à cette ombre fugitive ? La Foy eft donc un fouftien, mais des chofes *qu'on doit efperer*. Et quoy encore ? *Argumentum non apparentium. c'eft une pleine conviction de ce qui ne paroift pas*. La Foy doit avoir en elle la conviction. Vous ne l'avez pas, direz-vous : j'en fçay la caufe ; c'eft que vous craignez de l'avoir, au lieu de la demander à Dieu qui la donne. C'eft pourquoy tout tombe en ruine dans vos mœurs, & vos fens trop décififs emportent fi facilement votre raifon incertaine & irréfoluë. Et que veut dire cette conviction dont parle l'Apoftre, fi ce n'eft, comme il dit ailleurs, une foumiffion de *l'intelligence entierement captivée* fous l'autorité d'un Dieu qui parle ? Confiderez la pieufe Reine devant les Autels ; voyez comme elle eft faifie de la prefence de Dieu : ce n'eft pas par fa fuite qu'on la connoift, c'eft par fon attention & par cette refpectueufe immobilité qui ne luy permet pas mefme de lever les yeux. Le Sacrement adorable approche : ha, la Foy du Centurion admirée par le Sauveur mesme, ne fut pas plus vive, & il ne dît pas plus humblement, *Je ne suis pas digne.* Voyez comme elle frape cette poitrine innocente, comme elle se reproche les moindres pechez, comme elle abbaisse cette teste auguste devant laquelle s'incline l'Univers. La terre, son origine & sa sepulture, n'est pas encore assez basse pour la recevoir : elle voudroit disparoistre toute entiere devant la Majesté du Roy des Rois. Dieu luy grave par une Foy vive dans le fonds du cœur ce que disoit Isaïe : *Cherchez des antres profonds, cachez-vous dans les ouvertures de la terre devant la face du Seigneur & devant la gloire d'une si haute Majesté.*

Ne vous étonnez donc pas si elle est si humble sur le thrône. O spectacle merveilleux, et qui ravit en admiration le Ciel & la terre! Vous allez voir une Reine, qui, à l'exemple de David, attaque de tous costez sa propre grandeur, & tout l'orgueïl qu'elle inspire : vous verrez dans les paroles de ce grand Roy la vive peinture de la Reine, & vous en reconnoistrez tous les sentimens : *Domine, non est exaltatum cor meum!* *O Seigneur, mon cœur ne s'est point hauffé!* voilà l'orgueïl attaqué dans sa source. *Neque elati sunt oculi mei ; mes regards ne se sont pas élevez :* en voilà l'ostentation & le faste réprimé. Ha, Seigneur, je n'ay pas eû ce dédain qui empesche de jetter les yeux sur les mortels trop rampans, & qui fait dire à l'ame arrogante : *Il n'y a que moy sur la terre.* Combien estoit éloignée la pieuse Reine de ces regards dédaigneux ; & dans une si haute élevation, qui vit jamais paroistre en cette Princesse ou le moindre sentiment d'orgueïl ou le moindre air de mépris ? David poursuit : *Neque ambulavi in magnis, neque in mirabilibus super me : Je ne marche point dans de vastes pensées, ni dans des merveilles qui me passent.*

Il combat icy les excés où tombent naturellement les grandes puiſſances. L'orgueïl, qui *monte toûjours*, aprés avoir porté ſes prétentions à ce que la grandeur humaine a de plus ſolide, ou plûtoſt de moins ruineux, pouſſe ſes deſſeins juſqu'à l'extravagance, & donne témerairement dans des projets inſenſez; comme faiſoit ce Roy ſuperbe (digne figure de l'ange rebelle) lors *qu'il diſoit en ſon cœur : Je m'éleveray audeſſus des nuës, je poſeray mon thrône ſur les aſtres, & je ſeray ſemblable au Tres-haut.* Je ne me perds point, dit David, dans de tels excés ; & voilà l'orgueïl mépriſé dans ſes égaremens. Mais aprés l'avoir ainſi rabatu dans tous les endroits par où il ſembloit vouloir s'élever, David l'aterre toutà-fait par ces paroles : *Si*, dit-il, *je n'ay pas eû d'humbles ſentimens, & que j'aye exalté mon ame : Si non humiliter ſentiebam, ſed exaltavi animam meam ;* ou, comme traduit Saint Jerôme : *Si non ſilere feci animam meam : Si je n'ay pas fait taire mon ame :* ſi je n'ay pas impoſé ſilence à ces flateuſes penſées qui ſe preſentent ſans ceſſe pour enfler nos cœurs. Et enfin il conclut ainſi ce beau Pſeaume : *Sicut ablactatus ad matrem ſuam, ſic ablactata eſt anima mea. Mon ame a eſté*, dit-il, *comme un enfant ſevré.* Je me ſuis arraché moy-meſme aux douceurs peu capables de me ſouſtenir, pour donner à mon eſprit une nourriture plus ſolide. Ainſi l'ame ſuperieure domine de tous coſtez cette imperieuſe grandeur, & ne luy laiſſe dorénavant aucune place. David ne donna jamais de plus beau combat. Non, mes freres, les Philiſtins défaits, & les Ours meſme dechirez de ſes mains ne ſont rien à comparaiſon de ſa grandeur qu'il a domptée. Mais la ſainte Princeſſe que nous célebrons, l'a égalé dans la gloire d'un ſi beau triomphe.

Elle ſçeût pourtant ſe preſter au monde avec toute la dignité que demandoit ſa grandeur. Les Rois doivent cét éclat à l'Univers comme le Soleil luy doit fa lumiere; & pour le repos du genre humain, ils doivent fouftenir une majefté qui n'eft qu'un rayon de celle de Dieu. Il eftoit aifé à la Reine de faire fentir une grandeur qui luy eftoit naturelle. Elle eftoit née dans une Cour où la majefté fe plaift à paroiftre avec tout fon appareil, & d'un pere qui fçeût conferver avec une grace, comme avec une jaloufie particuliere, ce qu'on appelle en Efpagne les couftumes de qualité & les bienfeances du Palais. Mais elle aimoit mieux temperer la majefté, & l'aneantir devant Dieu, que de la faire éclater devant les hommes. Ainfi nous la voyions courir aux Autels, pour y goufter avec David un humble repos, & s'enfoncer dans fon Oratoire, où malgré le tumulte de la Cour elle trouvoit le Carmel d'Elie, le defert de Jean, & la montagne fi fouvent témoin des gemiffemens de Jefus.

J'ay appris de Saint Auguftin que *l'ame attentive fe fait elle-mefme une folitude. Gignit enim fibi ipfa mentis intentio folitudinem*. Mais, mes Freres, ne nous flatons pas, il faut fçavoir fe donner des heures d'une folitude effective, fi l'on veut conferver les forces de l'ame. C'eft icy qu'il faut admirer l'inviolable fidelite que la Reine gardoit à Dieu. Ni les divertiffemens, ni les fatigues des voyages, ni aucune occupation ne luy faifoit perdre ces heures particulieres qu'elle deftinoit à la méditation & à la priere. Auroit-elle efté fi perfeverante dans cét exercice, fi elle n'y euft goufté la manne cachée que *nul ne connoift que celuy qui en reffent les faintes douceurs? Manna absconditum quod nemo fcit, nifi qui accipit*. C'eft là qu'elle difoit avec David: *O Seigneur, voftre fervante a trouvé fon cœur pour vous faire cette priere! Invenit fervus tuus cor fuum, ut oraret te oratione hac*. Où allez-vous, cœurs égarez? Quoy mefme pendant la priere vous laiffez errer voftre imagination vagabonde ; vos ambitieufes penfées vous reviennent devant Dieu ; elle font mefme le fujet de voftre priere ! Par l'effet du mefme tranfport qui vous fait parler aux hommes de vos prétentions, vous en venez encore parler à Dieu, pour faire fervir le Ciel & la terre à vos interefts. Ainfi, voftre ambition que la priere devoit éteindre, s'y échauffe : feu bien different de celuy que *David fentoit allumer dans fa méditation.* Ha, plûtoft puiffiez-vous dire avec ce grand Roy, & avec la pieufe Reine que nous honorons : *O Seigneur, voftre ferviteur a trouvé fon cœur.* J'ay rappellé ce fugitif, & le voila tout entier devant voftre face.

Ange Saint, qui préfidiez à l'Oraifon de cette fainte Princeffe, & qui portiez cét encens audeffus des nuës pour le faire brufler fur l'Autel que Saint Jean a veû dans le Ciel, racontez-nous les ardeurs de ce cœur bleffé de l'amour divin : faites-nous paroiftre ces torrens de larmes que la Reine verfoit devant Dieu pour fes pechez. Quoy donc, les ames innocentes ont-elles auffi les pleurs & les amertumes de la penitence ? Oûï fans doute, puis qu'il eft écrit, que *rien n'eft pur fur la terre, & que celuy qui dit qu'il ne peche pas fe trompe luy-mefme.* Mais c'eft des pechez legers : legers, par comparaifon, je le confeffe : legers en eux-mefmes ; la Reine n'en connoift aucun de cette nature. C'eft ce que porte en fon fonds toute ame innocente. La moindre ombre fe remarque fur ces veftemens qui n'ont pas encore efté falis, & leur vive blancheur en accufe toutes les taches. Je trouve icy les Chreftiens trop fçavans. Chreftien, tu fçais trop la diftinction des pechés veniels d'avec les mortels. Quoy, le nom commun de peché ne fuffira pas pour te les faire détefter les uns & les autres ? Sçais-tu que ces pechez qui femblent legers deviennent accablans par leur multitude & par les funeftes difpofitions qu'ils mettent dans les confciences ? C'eft ce qu'enfeignent d'un commun accord tous les faints Docteurs aprés Saint Auguftin & Saint Gregoire. Sçais-tu que les pechez qui feroient veniels par leur objet, peuvent devenir mortels par l'excés de l'attachement? Les plaifirs innocens le deviennent bien, felon la doctrine des Saints; & feuls ils ont pû damner le mauvais Riche pour avoir efté trop gouftez. Mais qui fçait le degré qu'il faut pour leur infpirer ce poifon mortel ? Et n'eft-ce pas une des raifons qui fait que David s'écrie, *Delicta quis intelligit? Qui peut connoiftre fes pechez?* Que je hay donc ta vaine fcience, & ta mauvaife fubtilité, ame témeraire qui prononces fi hardiment : Ce peché que je commets fans crainte eft veniel. L'ame vrayment pure n'eft pas fi fçavante. La Reine fçait en général qu'il y a des pechez veniels, car la Foy l'enfeigne : mais la Foy ne luy enfeigne pas que les fiens le foient. Deux chofes vous vont faire voir l'éminent degré de fa vertu. Nous le fçavons, Chrestiens, & nous ne donnons point de fauffes loûanges devant ces Autels. Elle a dit fouvent dans cette bienheureufe fimplicité qui lui eftoit commune avec tous les Saints, qu'elle ne comprenoit pas comment on pouvoit commettre volontairement un feul peché, pour petit qu'il fuft. Elle ne difoit donc pas, Il eft veniel : elle difoit, Il eft peché, & fon cœu-innocent fe foulevoit. Mais comme il échape toûjours quelque peché à la fragilité humaine, elle ne difoit pas, Il eft leger : encore une fois, Il eft peché, difoit-elle. Alors penetrée des fiens, s'il arrivoit quelque malheur à fa perfonne, à fa famille, à l'Etat, elle s'en accufoit feule. Mais quels malheurs, direz-vous, dans cette grandeur & dans un fi long cours de profperitez ? Vous croyez donc que les déplaifirs & les plus mortelles douleurs ne fe cachent pas fous la pourpre, ou qu'un

Royaume eft un remede univerfel à tous les maux, un baume qui les adoucit, un charme qui les enchante? Au lieu que par un confeil de la Providence divine, qui fçait donner aux conditions les plus élevées leur contrepoids, cette grandeur que nous admirons de loin comme quelque chofe audeffus de l'homme, touche moins quand on y eft né, ou fe confond elle-mefme dans fon abondance; & qu'il fe forme au contraire parmi les grandeurs une nouvelle fenfibilité pour les déplaifirs, dont le coup eft d'autant plus rude, qu'on eft moins préparé à le fouftenir.

Il eft vray que les hommes apperçoivent moins cette malheureufe délicateffe dans les ames vertueufes. On les croit infenfibles, parce que non feulement elles fçavent taire, mais encore facrifier leurs peines fecrettes. Mais le Pere celefte fe plaift à les regarder dans ce fecret; & comme il fçait leur préparer leur croix, il y mefure auffi leur récompenfe. Croyez-vous que la Reine puft eftre en repos dans ces fameufes Campagnes qui nous apportoient coup fur coup tant de furprenantes nouvelles? Non, Messieurs: elle eftoit toûjours tremblante, parce qu'elle voyoit toûjours cette précieufe vie dont la fienne dépendoit, trop facilement hazardée. Vous avez veû fes terreurs : vous parleray-je de fes pertes, & de la mort de fes chers enfants? Ils luy ont tous déchiré le cœur. Reprefentons-nous ce jeune Prince que les Graces fembloient elles-mefmes avoir formé de leurs mains. Pardonnez-moy ces expreffions. Il me femble que je voy encore tomber cette fleur. Alors trifte meffager d'un évenement fi funefte, je fus auffi le témoin, en voyant le Roy & la Reine, d'un cofté de la douleur la plus penetrante, & de l'autre des plaintes les plus lamentables; & fous des formes differentes, je vis une affliction fans mefure. Mais je vis auffi des deux coſtez la Foy également victorieuſe ; je vis le ſacrifice agréable de l'ame humiliée ſous la main de Dieu, & deux victimes Royales immoler d'un commun accord leur propre cœur.

Pourray-je maintenant jetter les yeux ſur la terrible menace du Ciel irrité, lors qu'il ſembla ſi long-temps vouloir fraper ce Dauphin meſme, noſtre plus chere eſperance ? Pardonnez-moy, Messieurs, pardonnez-moy, ſi je renouvelle vos frayeurs. Il faut bien, & je puis le dire, que je me faſſe à moy-meſme cette violence, puis que je ne puis montrer qu'à ce prix la conſtance de la Reine. Nous viſmes alors dans cette Princeſſe, au milieu des alarmes d'une Mere, la Foy d'une Chreſtienne. Nous viſmes un Abraham preſt à immoler Iſaac, & quelques traits de Marie quand elle offrit ſon Jeſus. Ne craignons point de le dire, puis qu'un Dieu ne s'eſt fait homme que pour aſſembler autour de luy des exemples pour tous les états. La Reine pleine de foy ne ſe propoſe pas un moindre modele que Marie : Dieu luy rend auſſi ſon fils unique qu'elle luy offre d'un cœur dechiré, mais ſoumis, & veut que nous luy devions encore une fois un ſi grand bien.

On ne ſe trompe pas, Chrestiens, quand on attribuë tout à la Priere. Dieu qui l'inſpire ne luy peut rien refuſer. *Vn Roy*, dit David, *ne ſe ſauve pas par ſes armées, & le puiſſant ne ſe ſauve pas par ſa valeur*. Ce n'eſt pas auſſi aux ſages conſeils qu'il faut attribuer les heureux ſuccés. *Il s'éleve*, dit le Sage, *pluſieurs penſées dans le cœur de l'homme* : reconnoiſſez l'agitation & les penſées incertaines des conſeils humains : *Mais,* pourſuit-il, *la volonté du Seigneur demeure ferme ;* & pendant que les hommes déliberent, il ne s'exécute que ce qu'il réſout. *Le terrible*, le Tout-puiſſant, *qui oſte* quand il lui plaiſt, *l'eſprit des Princes*, le leur laiſſe auſſi quand il veut, pour les confondre davantage, & les *prendre dans leurs propres fineſſes. Car il n'y a point de prudence, il n'y a point de ſageſſe, il n'y a point de conſeil contre le Seigneur.* Les Machabées eſtoient vaillans; & néanmoins il eſt écrit, qu'*ils combatoient par leurs prieres* plus que par leurs armes : *Per orationes congreſſi ſunt :* aſſeûrez par l'exemple de Moïſe, que les mains élevées à Dieu enfoncent plus de bataillons que celles qui frapent. Quand tout cedoit à Louis, & que nous cruſmes voir revenir le temps des miracles, où les murailles tomboient au bruit des trompettes, tous les peuples jettoient les yeux ſur la Reine, & croyoient voir partir de ſon Oratoire la foudre qui accabloit tant de villes.

Que ſi Dieu accorde aux prieres les proſperitez temporelles, combien plus leur accorde-t-il les vrais biens, c'eſt à dire, les vertus? Elles ſont le fruit naturel d'une ame unie à Dieu par l'Oraiſon. L'Oraiſon qui nous les obtient, nous apprend à les pratiquer, non ſeulement comme neceſſaires, mais encore comme reçeûës *du Pere des lumieres, d'où deſcend ſur nous tout don parfait :* & c'eſt là le comble de la perfection, parce que c'eſt le fondement de l'humilité. C'eſt ainſi que Marie Terese attira par la Priere toutes les vertus dans ſon ame. Dés ſa premiere jeuneſſe elle fut dans les mouvemens d'une Cour alors aſſez turbulente la conſolation & le ſeul ſouſtien de la vieilleſſe infirme du Roy ſon pére. La Reine ſa belle-mere, malgré ce nom odieux, trouva en elle non ſeulement un reſpect, mais encore une tendreſſe, que ni le temps, ni l'éloignement n'ont pû alterer. Auſſi pleure-t-elle ſans meſure, & ne veut point recevoir de conſolation. Quel cœur, quel reſpect, quelle ſoumiſſion n'a-t-elle pas eûë pour le Roy : toûjours vive pour ce Grand Prince, toûjours jalouſe de ſa gloire, uniquement attachée aux interefts de fon Etat, infatigable dans les voyages, & heureufe pourveû qu'elle fuft en fa compagnie; Femme enfin où Saint Paul auroit veû l'Eglife occupée de Jefus-Chrift, & unie à fes volontez par une éternelle complaifance? Si nous ofions demander au grand Prince qui luy rend icy avec tant de pieté les derniers devoirs, quelle Mere il a perduë, il nous répondroit par fes fanglots, & je vous diray en fon nom, ce que j'ay veû avec joye, ce que je répete avec admiration, que les tendreffes inexplicables de MARIE TERESE tendoient toutes à luy infpirer la Foy, la pieté, la crainte de Dieu, un attachement inviolable pour le Roy, des entrailles de mifericorde pour les malheureux, une immuable perfeverance dans tous fes devoirs, & tout ce que nous loûons dans la conduite de ce Prince. Parleray-je des bontez de la Reine tant de fois éprouvées par fes domeftiques, & feray-je retentir encore devant ces Autels les cris de fa Maifon defolée? Et vous, pauvres de Jefus-Chrift, pour qui feuls elle ne pouvoit endurer qu'on luy dift que fes trefors eftoient épuifez; vous premierement, pauvres volontaires, victimes de Jefus-Chrift, Religieux, vierges facrées, ames pures dont le monde n'eftoit pas digne; & vous, pauvres, quelque nom que vous portiez, pauvres connus, pauvres honteux, malades, impotens, eftropiez, *reftes d'hommes*, pour parler avec Saint Gregoire de Nazianze, car la Reine refpectoit en vous tous les caracteres de la Croix de Jefus-Chrift : vous donc qu'elle affiftoit avec tant de joye, qu'elle vifitoit avec de fi faints empreffemens, qu'elle fervoit avec tant de foy, heureufe de fe dépouïller d'une majefté empruntée, & d'adorer dans voftre baffeffe la glorieufe pauvreté de Jefus-Chrift : quel admirable panegyrique prononceriez-vous par vos gemiſſemens à la gloire de cette Princeſſe, s'il m'eſtoit permis de vous introduire dans cette auguſte Aſſemblée? Recevez, Pere Abraham, dans voſtre ſein cette héritiere de voſtre Foy; comme vous, ſervante des pauvres, & digne de trouver en eux, non plus des Anges, mais Jeſus-Chriſt meſme. Que diray-je davantage? Écoutez tout en un mot: Fille, Femme, Mere, Maiſtreſſe, Reine telle que nos vœux l'auroient pû faire, plus que tout cela Chreſtienne, elle accomplit tous ſes devoirs ſans préſomption, & fut humble non ſeulement parmi toutes les grandeurs, mais encore parmi toutes les vertus.

J'expliqueray en peu de mots les deux autres noms que nous voyons écrits sur la colonne myſterieuſe de l'Apocalypſe, & dans le cœur de la Reine. Par le nom de la *ſainte Cité de Dieu la nouvelle Jeruſalem,* vous voyez bien, MESSIEURS, qu'il faut entendre le nom de l'Egliſe Catholique, Cité ſainte dont toutes *les pierres ſont vivantes,* dont Jeſus-Chriſt eſt le fondement; qui *deſcend du Ciel* avec luy, parce qu'elle y eſt renfermée comme dans le Chef dont tous les membres reçoivent leur vie; Cité qui ſe répand par toute la terre, & s'éleve juſqu'aux Cieux pour y placer ſes citoyens. Au ſeul nom de l'Egliſe, toute la Foy de la Reine ſe réveilloit. Mais une vraye fille de l'Egliſe, non contente d'en embraſſer la ſainte doctrine, en aime les obſervances, où elle fait conſiſter la principale partie des pratiques exterieures de la pieté.

L'Egliſe inſpirée de Dieu, & inſtruite par les ſaints Apoſtres, a tellement diſpoſé l'année, qu'on y trouve avec la vie, avec les myſteres, avec la prédication & la doctrine de Jeſus-Chriſt, le vray fruit de toutes ces choſes dans les admirables vertus de ſes ſerviteurs, & dans les exemples de ſes Saints, & enfin, un myſterieux abregé de l'Ancien & du Nouveau Teftament & de toute l'Hiftoire Ecclefiaftique. Par là toutes les faifons font fructueufes pour les Chreftiens; tout y eft plein de Jefus-Chrift, qui eft toûjours *admirable*, felon le Prophete, & non feulement en luy-mefme, mais encore *dans fes Saints*. Dans cette varieté qui aboutit toute à l'unité fainte tant recommandée par Jefus-Chrift, l'ame innocente & pieufe trouve avec des plaifirs celeftes une folide nourriture, & un perpetuel renouvellement de fa ferveur. Les jeufnes y font meflez dans les temps convenables, afin que l'ame toûjours fujete aux tentations & au peché, s'affermiffe & fe purifie par la penitence. Toutes ces pieufes obfervances avoient dans la Reine l'effet bienheureux que l'Eglife mefme demande : elle fe renouvelloit dans toutes les Feftes, elle fe facrifioit dans tous les jeufnes, & dans toutes les abftinences. L'Efpagne fur ce fujet a des couftumes que la France ne fuit pas; mais la Reine fe rangea bientoft à l'obéïffance : l'habitude ne put rien contre la regle; & l'extréme exactitude de cette Princeffe marquoit la délicateffe de fa confcience. Quel autre a mieux profité de cette parole : *Qui vous écoute m'écoute?* Jefus-Chrift nous y enfeigne cette excellente pratique de marcher dans les voyes de Dieu fous la conduite particuliere de fes ferviteurs qui exercent fon autorité dans fon Eglife. Les Confeffeurs de la Reine pouvoient tout fur elle dans l'exercice de leur miniftere, & il n'y avoit aucune vertu où elle ne puft eftre élevée par fon obéïffance. Quel refpect n'avoit-elle pas pour le Souverain Pontife Vicaire de Jefus-Chrift & pour tout l'Ordre Ecclefiaftique? Mais fur tout, qui pourroit dire combien de larmes luy ont coufté ces divifions toûjours trop longues, & dont on ne peut demander la fin avec trop de gemiffemens? Le nom mefme & l'ombre de divifion faifoit horreur à la Reine, comme à toute ame pieufe. Mais qu'on ne s'y trompe pas : le Saint Siege ne peut jamais oublier la France, ni la France manquer au Saint Siege. Et ceux qui pour leurs interefts particuliers, couverts, felon les maximes de leur politique, du prétexte de pieté, femblent vouloir irriter le Saint Siege contre un Royaume qui en a toûjours efté le principal fouftien fur la terre, doivent penfer : qu'une Chaire fi éminente, à qui Jefus-Chrift a tant donné, ne veut pas eftre flatée par les hommes, mais honorée felon la regle avec une foumiffion profonde; qu'elle eft faite pour attirer tout l'Univers à fon unité, & y rappeller à la fin tous les Herétiques; & que ce qui eft exceffif, loin d'eftre le plus attirant, n'eft pas mefme le plus folide ni le plus durable.

Avec le Saint nom de Dieu & avec le nom de la Cité fainte la nouvelle Jerufalem, je voy, Messieurs, dans le cœur de noftre pieufe Reine le nom nouveau du Sauveur. Quel eft, Seigneur, voftre nom nouveau, finon celuy que vous expliquez, quand vous dites, *Je fuis le pain de vie;* &, *Ma chair eft vrayment viande;* &, *Prenez, mangez, cecy eft mon Corps?* Ce nom nouveau du Sauveur eft celuy de l'Euchariftie, nom compofé de bien & de grace; qui nous montre dans cét adorable Sacrement une fource de mifericorde, un miracle d'amour, un mémorial & un abregé de toutes les graces, & le Verbe mefme tout changé en grace & en douceur pour fes Fideles. Tout eft nouveau dans ce myftere : c'eft le *nouveau Teftament* de noftre Sauveur, & on commence à y boire ce *vin nouveau* dont la celefte Jerufalem eft tranfportée. Mais pour le boire dans ce lieu de tentation & de peché, il s'y faut préparer par la penitence. La Reine frequentoit ces deux Sacremens avec une ferveur toûjours nouvelle. Cette humble

Princesse se sentoit dans son état naturel quand elle estoit comme pecheresse aux pieds d'un Prestre, y attendant la misericorde & la sentence de Jesus-Christ. Mais l'Eucharistie estoit son amour : toûjours affamée de cette viande celeste, & toûjours tremblante en la recevant, quoy-qu'elle ne pust assez communier pour son desir, elle ne cessoit de se plaindre humblement & modestement des Communions frequentes qu'on luy ordonnoit. Mais qui eust pû refuser l'Eucharistie à l'innocence, & Jesus-Christ à une foy si vive & si pure? La regle que donne Saint Augustin est de moderer l'usage de la Communion quand elle tourne en dégoust. Icy on voyoit toûjours une ardeur nouvelle, & cette excellente pratique de chercher dans la Communion la meilleure préparation, comme la plus parfaite action de graces pour la Communion mesme. Par ces admirables pratiques cette Princesse est venuë à sa derniere heure sans qu'elle eust besoin d'apporter à ce terrible passage une autre préparation que celle de sa sainte vie ; & les hommes toûjours hardis à juger les autres sans épargner les Souverains, car on n'épargne que soy-mesme dans ses jugemens, les hommes dis-je, de tous les états, & autant les gens de bien que les autres, on veû la Reine emportée avec une telle précipitation dans la vigueur de son âge, sans estre en inquietude pour son salut. Apprenez donc, Chrestiens, & vous principalement qui ne pouvez vous accoustumer à la pensée de la mort : en attendant que vous méprisiez celle que Jesus-Christ a vaincuë, ou mesme que vous aimiez celle qui met fin à nos pechez & nous introduit à la vraye vie; apprenez à la desarmer d'une autre sorte, & embrassez la belle pratique, où sans se mettre en peine d'attaquer la mort, on n'a besoin que de s'appliquer à sanctifier sa vie.

La France a veû de nos jours deux Reines plus unies encore par la pieté que par le fang, dont la mort également précieufe devant Dieu, quoy-qu'avec des circonftances differentes, a efté d'une finguliere édification à toute l'Eglife. Vous entendez bien que je veux parler d'Anne d'Austriche, & de fa chere niece, ou plûtoft de fa chere fille Marie Terese. Anne, dans un âge déja avancé, & Marie Terese dans fa vigueur, mais toutes deux d'une fi heureufe conftitution, qu'elle fembloit nous promettre le bonheur de les poffeder un fiecle entier, nous font enlevées contre noftre attente, l'une par une longue maladie, & l'autre par un coup imprévéû. Anne avertie de loin par un mal auffi cruel qu'irremediable, vit avancer la mort à pas lents, & fous la figure qui luy avoit toûjours paru la plus affreufe : Marie Terese auffitoft emportée que frapée par la maladie, fe trouve toute vive & toute entiere entre les bras de la mort fans prefque l'avoir envifagée. A ce fatal avertiffement Anne pleine de foy ramaffe toutes les forces qu'un long exercice de la pieté luy avoit aquifes, & regarde fans fe troubler toutes les approches de la mort. Humiliée fous la main de Dieu elle luy rend graces de l'avoir ainfi avertie ; elle multiplie fes aumofnes toûjours abondantes ; elle redouble fes dévotions toûjours affiduës ; elle apporte de nouveaux foins à l'examen de fa confcience toûjours rigoureux. Avec quel renouvellement de foy & d'ardeur luy vifmes-nous recevoir le faint Viatique ? Dans de femblables actions, il ne fallut à Marie Terese que fa ferveur ordinaire : fans avoir befoin de la mort pour exciter fa pieté, fa pieté s'excitoit toûjours affez elle-mefme, & prenoit dans fa propre force un continuel accroiffement. Que dirons-nous, Chrestiens, de ces deux Reines ? Par l'une Dieu nous apprit comment il faut profiter du temps, & l'autre nous a fait voir que la vie vrayment Chreſtienne n'en-a pas beſoin. En effet, Chrestiens, qu'attendons-nous ? Il n'eſt pas digne d'un Chreſtien de ne s'évertuer contre la mort qu'au moment qu'elle ſe préſente pour l'enlever. Un chreſtien toûjours attentif à combattre ſes paſſions *meurt tous les jours* avec l'Apoſtre : *Quotidie morior*. Un Chreſtien n'eſt jamais vivant ſur la terre, parce qu'il y eſt toûjours mortifié, & que la mortification eſt un eſſay, un apprentiſſage, un commencement de la mort. Vivons-nous, Chrestiens, vivons-nous ? Cét âge que nous comptons, & où tout ce que nous comptons n'eſt plus à nous, eſt-ce une vie : & pouvons-nous n'appercevoir pas ce que nous perdons ſans ceſſe avec les années ? Le repos & la nourriture ne ſont-ils pas de foibles remedes de la continuelle maladie qui nous travaille ? Et celle que nous appellons la derniere, qu'eſt-ce autre choſe, à le bien entendre, qu'un redoublement, & comme le dernier accés du mal que nous apportons au monde en naiſſant ? Quelle ſanté nous couvroit la mort que la Reine portoit dans le ſein ? De combien prés la menace a-t-elle eſté ſuivie du coup ? Et où en eſtoit cette grande Reine avec toute la Majeſté qui l'environnoit, ſi elle euſt eſté moins préparée ? Tout d'un coup on voit arriver le moment fatal, où la terre n'a plus rien pour elle que des pleurs. Que peuvent tant de fideles domeſtiques empreſſez autour de ſon lit ? Le Roy meſme que pouvoit-il, luy, Messieurs, luy qui ſuccomboit à la douleur avec toute ſa puiſſance & tout ſon courage ? Tout ce qui environne ce Prince, l'accable. Monſieur, Madame venoient partager ſes déplaiſirs, & les augmentoient par les leurs. Et vous Monseigneur, que pouviez-vous que de luy percer le cœur par vos ſanglots? Il l'avoit affez percé par le tendre reffouvenir d'un amour qu'il trouvoit toûjours également vif aprés vingt-trois ans écoulez. On en gemit, on en pleure; voilà ce que peut la terre pour une Reine fi cherie : voilà ce que nous avons à luy donner, des pleurs, des cris inutiles. Je me trompe, nous avons encore des prieres; nous avons ce faint Sacrifice, rafraichiffement de nos peines, expiation de nos ignorances, & des reftes de nos pechez. Mais fongeons que ce Sacrifice d'une valeur infinie, où toute la Croix de Jefus eft renfermée, ce Sacrifice feroit inutile à la Reine, fi elle n'avoit merité par fa bonne vie que l'effet en puft paffer jufqu'à elle : autrement, dit Saint Auguftin, qu'opere un tel Sacrifice? Nul foulagement pour les morts; une foible confolation pour les vivans. Ainfi tout le falut vient de cette vie, dont la fuite précipitée nous trompe toûjours. *Je viens*, dit Jefus-Chrift, *comme un voleur*. Il a fait felon fa parole; il eft venu furprendre la Reine dans le temps que nous la croyions la plus faine, dans le temps qu'elle fe trouvoit la plus heureufe. Mais c'eft ainfi qu'il agit : il trouve pour nous tant de tentations & une telle malignité dans tous les plaifirs, qu'il vient troubler les plus innocens dans fes Eleûs. Mais il vient, dit-il, *comme un voleur*, toûjours furprenant, & impenetrable dans fes démarches. C'eft luy-mefme qui s'en glorifie dans toute fon Ecriture. Comme un voleur, direz-vous, indigne comparaifon! N'importe, qu'elle foit indigne de luy, pourveû qu'elle nous effraye, & qu'en nous effrayant elle nous fauve. Tremblons donc, CHRESTIENS, tremblons devant luy à chaque moment; car qui pourroit ou l'éviter quand il éclate, ou le découvrir quand il fe cache? *Ils mangeoient*, dit-il, *ils beuvoient, ils achetoient, ils vendoient, ils plantoient, ils baſtiſſoient, ils faiſoient des Mariages aux jours de Noé & aux jours de Loth*, & une ſubite ruine les vint accabler. Ils mangeoient, ils beuvoient, ils ſe marioient. C'eſtoit des occupations innocentes : que fera-ce quand en contentant nos impudiques deſirs, en aſſouviſſant nós vengeances & nos ſecrettes jalouſies, en accumulant dans nos coffres des treſors d'iniquité ſans jamais vouloir ſeparer le bien d'autruy d'avec le noſtre, trompez par nos plaiſirs, par nos jeux, par noſtre ſanté, par noſtre jeuneſſe, par l'heureux ſuccés de nos affaires, par nos flateurs parmi leſquels il faudroit peut-eſtre compter des Directeurs infideles que nous avons choiſis pour nous ſéduire, & enfin par nos fauſſes penitences qui ne ſont ſuivies d'aucun changement de nos mœurs, nous viendrons tout-à-coup au dernier jour. La ſentence partira d'enhaut : *La fin eſt venuë, la fin eſt venuë. Finis venit, venit finis. La fin eſt venuë ſur vous. Nunc finis ſuper te* : tout va finir pour vous en ce moment. Tranchez, *concluez. Fac concluſionem.* Frapez l'arbre infructueux qui n'eſt plus bon que pour le feu : *Coupez l'arbre, arrachez ſes branches, ſecoüez ſes feüilles, abbatez ſes fruits* : périſſe par un ſeul coup tout ce qu'il avoit avec luy-meſme. Alors s'éleveront des frayeurs mortelles, & des grincemens de dents, préludes de ceux de l'enfer. Ha, mes freres, n'attendons pas ce coup terrible! Le glaive qui a tranché les jours de la Reine eſt encore levé ſur nos teſtes; nos pechez en ont affilé le tranchant fatal. *Le glaive que je tiens en main, dit le Seigneur noſtre Dieu, eſt aiguiſé & poli : il eſt aiguiſé, afin qu'il perce ; il eſt poli & limé, afin qu'il brille.* Tout l'Univers en voit le brillant éclat. Glaive du Seigneur, quel coup vous venez de faire! Toute la-terre en eſt étonnée. Mais que nous ſert ce brillant qui nous étonne, ſi nous ne prévenons le coup qui tranche ? Prévenons-le, Chrestiens, par la penitence. Qui pourroit n'eftre pas émeû à ce fpectable ? Mais ces émotions d'un jour qu'operent-elles ? Un dernier endurciffement, parce qu'à force d'eftre touché inutilement, on ne fe laiffe plus toucher d'aucun objet. Le fommes-nous des maux de la Hongrie & de l'Auftriche ravagées ? Leurs habitans paffez au fil de l'épée, & ce font encore les plus heureux ; la captivité entraifne bien d'autres maux & pour le corps & pour l'ame : ces habitans defolez ne font-ce pas des Chreftiens & des Catholiques, nos freres, nos propres membres, enfans de la mefme Eglife, & nourris à la mefme table du pain de vie ? Dieu accomplit fa parole : *Le jugement commence par fa maifon,* & le refte de la maifon ne tremble pas ! Chrestiens, laiffez-vous flechir, faites penitence, apaifez Dieu par vos larmes. Ecoutez la pieufe Reine qui parle plus haut que tous les Prédicateurs. Ecoutez-la, Princes ; écoutez-la, peuples ; écoutez-la, Monseigneur, plus que tous les autres. Elle vous dit par ma bouche & par une voix qui vous eft connuë, que la grandeur eft un fonge, la joye une erreur, la jeuneffe une fleur qui tombe, & la fanté un nom trompeur. Amaffez donc les biens qu'on ne peut perdre. Preftez l'oreille aux graves difcours que Saint Gregoire de Nazianze adreffoit aux Princes & à la Maifon regnante. *Refpectez,* leur difoit-il, *voftre pourpre,* refpectez voftre puiffance qui vient de Dieu, & ne l'employez que pour le bien. *Connoiffez ce qui vous a efté confié, & le grand myftere que Dieu accomplit en vous. Il fe réferve à luy feul les chofes d'en-haut ; il partage avec vous celles d'embas : montrez-vous Dieux aux peuples foumis,* en imitant la bonté & la munificence divine. C'eft, Monseigneur, ce que vous demandent ces empreffemens de tous les peuples, ces perpetuels applaudiſſemens & tous ces regards qui vous ſuivent. Demandez à Dieu avec Salomon, la Sageſſe qui vous rendra digne de l'amour des peuples & du Thrône de vos Anceſtres ; & quand vous ſongerez à vos devoirs, ne manquez pas de conſiderer à quoy vous obligent les immortelles actions de Louis le Grand & l'incomparable pieté de Marie Terese.

## EXTRAIT DV PRIVILEGE.

Par Lettres Patentes du Roy données à Chaville le 12. Aouſt 1682. ſignées JONQUIERES, & ſcellées du grand Sceau de cire jaune, il eſt permis à Meſſire JACQUES BENIGNE BOSSUET Eveſque de Meaux, Conſeiller du Roy en ſes Conſeils, cy-devant Précepteur de Monſeigneur le DAUPHIN, premier Aumoſnier de Madame la DAUPHINE, de faire imprimer par tel Imprimeur qu'il voudra choiſir, en telle forme & de tel caractere qu'il trouvera bon, *tous les Livres qu'il aura compoſez, ou qu'il jugera à propos de faire imprimer pour l'utilité publique*, & ce pendant vingt années, à compter du jour que chacun deſdits ouvrages fera achevé d'imprimer. Fait Sa Majeſté tres-expreſſes défenſes à tous Imprimeurs ou Libraires autres que celuy qui aura eſté choiſi par ledit Seigneur Eveſque, & à toutes perſonnes, de quelque qualité ou condition qu'elles ſoient, d'imprimer ou faire imprimer leſdits Livres, ſous quelque prétexte que ce ſoit, meſme de traduction, à peine de ſix mille livres d'amende, payable ſans déport par chacun des contrevenans, de confiſcation des exemplaires contrefaits, & de tous dépens, dommages & intereſts, comme il eſt porté plus amplement par leſdites Lettres.

*Regiſtré ſur le Livre de la Communauté des Imprimeurs & Libraires de Paris, le dix-ſeptiéme Aouſt mil ſix cens quatre-vingts-deux.* Signé, C. ANGOT, Sindic.

L'Oraiſon Funébre de la Reine a eſté achevée d'imprimer le 12. Octobre 1683.

# ORAISON FUNEBRE

DE TRES-HAUTE

ET TRES-PUISSANTE PRINCESSE

## ANNE DE GONZAGUE

### DE CLEVES

PRINCESSE PALATINE

*Prononcée en préfence de Monfeigneur le Duc,
de Madame la Duchesse, & de Monfeigneur le Duc de Bourbon,
dans l'Eglife des Carmelites du Fauxbourg Saint Jacques,
le 9. Aoufl 1685.*

Par Messire Jacques Benigne BOSSUET
Evefque de Meaux,
Confeiller du Roy en fes Confeils,
Cy-devant Précepteur de Monfeigneur le Dauphin, Premier Aumofnier
de Madame la Dauphine.

---

## A PARIS

Par Sebastien MABRE-CRAMOISY
IMPRIMEUR DU ROY
M. DC. LXXXV.
*Avec Privilege de Sa Maieflé*

## ORAISON FUNEBRE
# D'ANNE DE GONZAGUE
### *DE CLEVES*
#### PRINCESSE PALATINE

*Apprehendi te ab extremis terræ, & à longinquis ejus vocavi te : elegi te, & non abjeci te : ne timeas, quia ego tecum fum.*

Je t'ay pris par la main, pour te ramener des extrémitez de la terre : je t'ay appellé des lieux les plus éloignez : je t'ay choifi, & je ne t'ay pas rejetté : ne crains point, parce que je fuis avec toy. *C'eft Dieu mefme qui parle ainfi.*   ISAÏÆ XLI. 9. 10.

MONSEIGNEUR,

E voudrois que toutes les ames éloignées de Dieu; que tous ceux qui fe perfuadent qu'on ne peut fe vaincre foy-mefme, ni foûtenir fa conftance parmi les combats & les douleurs; tous ceux enfin qui defefperent de leur converfion ou de leur perfeverance, fuffent prefents à cette affemblée. Ce difcours leur feroit connoif-

tre, qu'une ame fidele à la grace, malgré les obstacles les plus invincibles, s'éleve à la perfection la plus éminente. La Princesse à qui nous rendons les derniers devoirs, en recitant selon sa coutume l'office divin, lisoit les paroles d'Isaïe, que j'ay rapportées. Qu'il est beau de méditer l'Ecriture sainte; & que Dieu y sçait bien parler, non seulement à toute l'Eglise, mais encore à chaque fidele selon ses besoins! Pendant qu'elle méditoit ces paroles (c'est elle-mesme qui le raconte dans une lettre admirable) Dieu luy imprima dans le cœur, que c'estoit à elle qu'il les adressoit. Elle crut entendre une voix douce & paternelle qui luy disoit : *Je t'ay ramenée des extrémitez de la terre, des lieux les plus éloignez;* des voyes détournées, où tu te perdois, abandonnée à ton propre sens, si loin de la celeste patrie, & de la veritable voye qui est Jesus-Christ. Pendant que tu disois en ton cœur rebelle; Je ne puis me captiver; j'ay mis sur toy ma puissante main; *& j'ay dit, Tu seras ma servante : je t'ay choisie* dés l'éternité, *& je n'ay pas rejetté* ton ame superbe & dédaigneuse. Vous voyez par quelles paroles Dieu luy fait sentir l'état d'où il l'a tirée. Mais écoutez, comment il l'encourage parmi les dures épreuves, où il met sa patience : *Ne crains point* au milieu des maux dont tu te sens accablée, *parce que je suis ton Dieu* qui te fortifie : *ne te détourne pas de la voye* où je t'engage, *puisque je suis avec toy :* jamais je ne cesseray de te secourir, *& le juste que j'envoye au monde,* ce Sauveur misericordieux, ce Pontife compatissant, *te tient par la main : Tenebit te dextera justi mei.* Voilà, Messieurs, le passage entier du saint Prophete Isaïe, dont je n'avois recité que les premieres paroles. Puis-je mieux vous representer les conseils de Dieu sur cette Princesse, que par des paroles dont il s'est servi pour luy expliquer les secrets de ces admirables conseils? Venez maintenant, pécheurs, quels que vous soyiez, en quelques régions écartées que la tempeste de vos passions vous ait jettez; fussiez-vous dans ces terres ténébreuses dont il est parlé dans l'Ecriture, & dans l'ombre de la mort : s'il vous reste quelque pitié de vostre ame malheureuse, venez voir d'où la main de Dieu a retiré la Princesse ANNE, venez voir où la main de Dieu l'a élevée. Quand on voit de pareils exemples dans une Princesse d'un si haut rang; dans une Princesse qui fut niece d'une Imperatrice & unie par ce lien à tant d'Empereurs, sœur d'une puissante Reine, épouse d'un fils de Roy, mere de deux grandes Princesses, dont l'une est un ornement dans l'auguste Maison de France, & l'autre s'est fait admirer dans la puissante Maison de Brunsvic; enfin dans une Princesse, dont le mérite passe la naissance, encore que sortie d'un pere & de tant d'ayeux Souverains, elle ait réüni en elle avec le sang de Gonzague & de Cleves, celuy des Paleologues, celuy de Lorraine, & celuy de France par tant de costez : quand Dieu joint à ces avantages, une égale réputation, & qu'il choisit une personne d'un si grand éclat pour estre l'objet de son éternelle misericorde, il ne se propose rien moins, que d'instruire tout l'univers. Vous donc qu'il assemble en ce saint lieu; & vous principalement, pécheurs, dont il attend la conversion avec une si longue patience, n'endurcissez pas vos cœurs : ne croyez pas qu'il vous soit permis d'apporter seulement à ce discours des oreilles curieuses. Toutes les vaines excuses, dont vous couvrez vostre impenitence, vous vont estre ostées. Ou la Princesse Palatine portera la lumiere dans vos yeux; ou elle fera tomber, comme un deluge de feu, la vangeance de Dieu sur vos testes. Mon discours, dont vous

vous croyez peut-eftre les juges, vous jugera au dernier jour : ce fera fur vous un nouveau fardeau, comme parloient les Prophetes : *Onus verbi Domini fuper Ifraël;* & fi vous n'en fortez plus chreftiens, vous en fortirez plus coupables. Commençons donc avec confiance l'œuvre de Dieu. Apprenons avant toutes chofes à n'eftre pas éblouïs du bonheur qui ne remplit pas le cœur de l'homme; ni des belles qualitez, qui ne le rendent pas meilleur; ni des vertus, dont l'enfer eft rempli, qui nourriffent le peché & l'impenitence, & qui empefchent l'horreur falutaire, que l'ame péchereffe auroit d'elle-mefme. Entrons encore plus profondément dans les voyes de la Divine Providence, & ne craignons pas de faire paroiftre noftre Princeffe dans les états différens où elle a efté. Que ceux-là craignent de découvrir les defauts des ames faintes, qui ne fçavent pas combien eft puiffant le bras de Dieu, pour faire fervir ces defauts non feulement à fa gloire, mais encore à la perfection de fes Eleûs. Pour nous, mes Freres, qui fçavons à quoy ont fervi à Saint Pierre fes reniemens, à Saint Paul les perfecutions qu'il a fait fouffrir à l'Eglife, à Saint Auguftin fes erreurs, à tous les Saints Penitens leurs péchez : ne craignons pas de mettre la Princeffe Palatine dans ce rang, ni de la fuivre jufques dans l'incredulité où elle eftoit enfin tombée. C'eft de là que nous la verrons fortir pleine de gloire & de vertu, & nous benirons avec elle la main qui l'a relevée : heureux, fi la conduite que Dieu tient fur elle, nous fait craindre la juftice, qui nous abandonne à nous-mefmes, & defirer la mifericorde, qui nous en arrache. C'eft ce que demande de vous, Tres-Haute et Tres-Puissante Princesse, Anne de Gonzague de Cleves, Princesse de Mantoue et de Montferrat, et Comtesse Palatine du Rhin.

Jamais plante ne fut cultivée avec plus de foin, ni ne se vit plûtost couronnée de fleurs & de fruits que la Princesse Anne. Dés ses plus tendres années elle perdit sa pieuse mere, Catherine de Lorraine. Charles Duc de Nevers, & depuis Duc de Mantoûë son pere, luy en trouva une digne d'elle; & ce fut la venerable Mere Françoise de la Chastre, d'heureuse & sainte memoire, Abbesse de Faremonstier, que nous pouvons appeller la restauratrice de la Regle de Saint Benoist, & la lumiere de la vie Monastique. Dans la solitude de Sainte Fare, autant éloignée des voyes du siecle, que sa bienheureuse situation la sépare de tout commerce du monde : dans cette sainte montagne, que Dieu avoit choisie depuis mille ans; où les Epouses de Jesus-Christ faisoient revivre la beauté des anciens jours ; où les joyes de la terre estoient inconnuës ; où les vestiges des hommes du monde, des curieux & des vagabonds ne paroissoient pas : sous la conduite de la sainte Abbesse, qui sçavoit donner le lait aux enfans, aussi-bien que le pain aux forts, les commencemens de la Princesse Anne estoient heureux. Les Mysteres luy furent révélez : l'Ecriture luy devint familiere : on luy avoit appris la langue Latine, parce que c'estoit celle de l'Eglise; & l'office divin faisoit ses délices. Elle aimoit tout dans la vie religieuse, jusqu'à ses austeritez & ses humiliations; & durant douze ans, qu'elle fut dans ce Monastere, on luy voyoit tant de modestie & tant de sagesse, qu'on ne sçavoit à quoy elle estoit le plus propre, ou à commander, ou à obéïr. Mais la sage Abbesse qui la crut capable de soustenir sa réforme, la destinoit au gouvernement : & déja on la contoit parmi les Princesses qui avoient conduit cette célébre Abbaye, quand sa famille trop empressée à éxécuter ce pieux projet, le rompit. Nous sera-t-il permis de le dire ? La

Princeffe Marie, pleine alors de l'efprit du monde, croyoit, felon la couftume des grandes Maifons, que fes jeunes fœurs devoient eftre facrifiées à fes grands defleins. Qui ne fçait, où fon rare mérite & fon éclatante beauté, avantage toûjours trompeur, luy firent porter fes efpérances? Et d'ailleurs dans les puiffantes Maifons, les partages ne font-ils pas regardez comme une efpece de diffipation, par où elles fe détruifent d'elles-mefmes : tant le neant y eft attaché! La Princeffe Benedicte, la plus jeune des trois fœurs, fut la premiere immolée à ces interefts de famille. On la fit Abbeffe, fans que dans un âge fi tendre elle fceuft ce qu'elle faifoit ; & la marque d'une fi grave dignité fut comme un joûët entre fes mains. Un fort femblable eftoit deftiné à la Princeffe Anne. Elle euft pû renoncer à fa liberté, fi on luy euft permis de la fentir ; & il euft fallu la conduire, & non pas la précipiter dans le bien. C'eft ce qui renverfa tout-à-coup les deffeins de Faremonftier. Avenai parut avoir un air plus libre, & la Princeffe Benedicte y prefentoit à fa fœur une retraite agréable. Quelle merveille de la grace! Malgré une vocation fi peu réguliere, la jeune Abbeffe devint un modele de vertu. Ses douces converfations rétablirent dans le cœur de la Princeffe Anne, ce que d'importuns empreffemens en avoient banni. Elle preftoit de nouveau l'oreille à Dieu qui l'appelloit avec tant d'attraits à la vie Religieufe; & l'afile qu'elle avoit choifi pour défendre fa liberté, devint un piege innocent pour la captiver. On remarquoit dans les deux Princeffes, la mefme nobleffe dans les fentimens; le mefme agrément, & fi vous me permettez de parler ainfi, les mefmes infinuations dans les entretiens : au dedans les mefmes defirs, au dehors les mefmes graces; & jamais fœurs ne furent unies par des liens, ni fi doux, ni fi puiffans.

Leur vie eûſt eſté heureuſe dans leur éternelle union, & la Princeſſe Anne n'aſpiroit plus qu'au bonheur d'eſtre une humble Religieuſe d'une ſœur dont elle admiroit la vertu. En ce temps le Duc de Mantouë leur pere mourut : les affaires les appellerent à la Cour : la Princeſſe Benedicte qui avoit ſon partage dans le Ciel, fut jugée propre à concilier les intereſts différens dans la famille. Mais, ô coup funeſte pour la Princeſſe Anne! la pieuſe Abbeſſe mourut dans ce beau travail, & dans la fleur de ſon âge. Je n'ay pas beſoin de vous dire combien le cœur tendre de la Princeſſe Anne fut profondément bleſſé par cette mort. Mais ce ne fut pas-là ſa plus grande playe. Maiſtreſſe de ſes deſirs, elle vit le monde ; elle en fut veûë : bientoſt elle ſentit qu'elle plaiſoit ; & vous ſçavez le poiſon ſubtil, qui entre dans un jeune cœur avec ces penſées. Ces beaux deſſeins furent oubliez. Pendant que tant de naiſſance, tant de biens, tant de graces qui l'accompagnoient, luy attiroient les regards de toute l'Europe, le Prince Edouard de Baviere, fils de l'Electeur Frideric V. Comte Palatin du Rhin, & Roy de Boheme, jeune Prince qui s'eſtoit réfugié en France durant les malheurs de ſa Maiſon, la merita. Elle préféra aux richeſſes les vertus de ce Prince, & cette noble alliance, où de tous coſtez on ne trouvoit que des Rois. La Princeſſe Anne l'invite à ſe faire inſtruire : il connut bientoſt les erreurs, où les derniers de ſes Peres, déſerteurs de l'ancienne foy, l'avoient engagé. Heureux préſages pour la Maiſon Palatine! Sa converſion fut ſuivie de celle de la Princeſſe Louiſe ſa ſœur, dont les vertus font éclater par toute l'Egliſe la gloire du ſaint Monaſtere de Maubuiſſon ; & ces bien-heureuſes prémices ont attiré une telle bénédiction ſur la Maiſon Palatine, que nous la voyons enfin Catholique dans ſon chef. Le mariage de la Princesse ANNE fut un heureux commencement d'un si grand ouvrage. Mais helas! tout ce qu'elle aimoit devoit estre de peu de durée. Le Prince son époux luy fut ravi, & luy laissa trois Princesses, dont les deux qui restent pleurent encore la meilleure mere qui fut jamais, & ne trouvent de consolation que dans le souvenir de ses vertus. Ce n'est pas encore le temps de vous en parler. La Princesse Palatine est dans l'état le plus dangereux de sa vie. Que le monde voit peu de ces veuves, dont parle Saint Paul, qui *vraiment veuves & desolées*, s'enseveliffent, pour ainsi dire, elles-mesmes dans le tombeau de leur époux; y enterrent tout amour humain avec ces cendres chéries; & délaissées sur la terre, *mettent leur espérance en Dieu, & passent les nuits & les jours dans la priere!* Voilà l'état d'une veuve Chrestienne, selon les preceptes de Saint Paul : état oublié parmi nous, où la viduité est regardée, non plus comme un état de désolation, car ces mots ne sont plus connus, mais comme un état desirable, où affranchi de tout joug on n'a plus à contenter que soy-mesme : sans songer à cette terrible sentence de Saint Paul : *La veuve qui passe sa vie dans les plaisirs;* remarquez qu'il ne dit pas, la veuve qui passe sa vie dans les crimes; il dit, *la veuve qui la passe dans les plaisirs; elle est morte toute vive* : parce qu'oubliant le deuïl éternel & le caractere de desolation, qui fait le soustien comme la gloire de son état, elle s'abandonne aux joyes du monde. Combien donc en devroit-on pleurer comme mortes des ces veuves jeunes & riantes, que le monde trouve si heureuses! Mais sur tout, quand on a connu JESUS-CHRIST, & qu'on a eû part à ses graces; quand la lumiere divine s'est découverte, & qu'avec des yeux illuminez on se jette dans les voyes du siecle : qu'arrive-t-il à une ame qui tombe d'un si

haut état, qui renouvelle contre Jesus-Christ, &
encore contre Jesus-Christ connu & goufté, tous les
outrages des Juifs, & le crucifie encore une fois? Vous
reconnoiffez le langage de Saint Paul. Achevez donc,
grand Apoftre, & dites-nous ce qu'il faut attendre d'une
chûte fi déplorable. *Il eft impoffible*, dit-il, *qu'une telle
ame foit renouvellée par la penitence*. Impoffible :
quelle parole! foit, Messieurs, qu'elle fignifie, que la
converfion de ces ames autrefois fi favorifées, furpaffe
toute la mefure des dons ordinaires, & demande, pour
ainfi parler, le dernier effort de la puiffance divine :
foit que l'impoffibilité dont parle Saint Paul veuille
dire, qu'en effet il n'y a plus de retour à ces premieres
douceurs qu'a gouftées une ame innocente, quand elle
y a renoncé avec connoiffance; de forte qu'elle ne
peut rentrer dans la grace, que par des chemins difficiles & avec des peines extrêmes. Quoy qu'il en foit,
Chrestiens, l'un & l'autre s'eft vérifié dans la Princeffe
Palatine. Pour la plonger entierement dans l'amour du
monde, il falloit ce dernier malheur : quoy? la faveur
de la Cour. La Cour veut toûjours unir les plaifirs avec
les affaires. Par un mélange étonnant, il n'y a rien de
plus ferieux ni enfemble de plus enjoûé. Enfoncez :
vous trouvez par tout des interefts cachez, des jaloufies
délicates qui caufent une extrême fenfibilité, & dans
une ardente ambition, des foins & un férieux auffi
trifte qu'il eft vain. Tout eft couvert d'un air gay, &
vous diriez qu'on ne fonge qu'à s'y divertir. Le génie
de la Princeffe Palatine fe trouva également propre
aux divertiffemens & aux affaires. La Cour ne vit
jamais rien de plus engageant ; & fans parler de fa
pénétration, ni de la fertilité infinie de fes expediens,
tout cedoit au charme fecret de fes entretiens. Que
vois-je durant ce temps! Quel trouble! Quel affreux

spectacle se presente icy à mes yeux ! La Monarchie ébranlée jusqu'aux fondemens, la guerre civile, la guerre étrangere, le feu au dedans & au dehors ; les remedes de tous costez plus dangereux que les maux : les Princes arrestez avec grand peril, & delivrez avec un peril encore plus grand : ce Prince, que l'on regardoit comme le heros de son siecle, rendu inutile à sa patrie dont il avoit esté le soustien ; & ensuite, je ne sçay comment, contre sa propre inclination, armé contre elle : un Ministre persecuté, & devenu necessaire, non-seulement par l'importance de ses services, mais encore par ses malheurs, où l'autorité souveraine estoit engagée. Que diray-je ? Estoit-ce-là de ces tempestes, par où le Ciel a besoin de se décharger quelquefois ; & le calme profond de nos jours devoit-il estre précedé par de tels orages ? Ou bien estoit-ce les derniers efforts d'une liberté remuante, qui alloit ceder la place à l'autorité legitime ? Ou bien estoit-ce comme un travail de la France preste à enfanter le regne miraculeux de Louis ? Non, non : c'est Dieu, qui vouloit montrer qu'il donne la mort, & qu'il ressuscite ; qu'il plonge jusqu'aux enfers, & qu'il en retire ; qu'il secoüe la terre, & la brise ; & qu'il guerit en un moment toutes ses brisures. Ce fut-là que la Princesse Palatine signala sa fidelité, & fit paroistre toutes les richesses de son esprit. Je ne dis rien qui ne soit connu. Toûjours fidele à l'Estat & à la grande Reine Anne d'Austriche, on sçait qu'avec le secret de cette Princesse, elle eut encore celuy de tous les partis : tant elle estoit pénétrante, tant elle s'attiroit de confiance, tant il luy estoit naturel de gagner les cœurs ! Elle déclaroit aux chefs des partis jusqu'où elle pouvoit s'engager ; & on la croyoit incapable, ni de tromper, ni d'estre trompée. Mais son caractere particulier estoit de concilier les interests opposez,

& en s'élevant au dessus, de trouver le secret endroit, & comme le nœud par où on les peut réünir. Que luy servirent ses rares talens? Que luy servit d'avoir mérité la confiance intime de la Cour? d'en soustenir le Ministre deux fois éloigné, contre sa mauvaise fortune, contre ses propres frayeurs, contre la malignité de ses ennemis, & enfin contre ses amis ou partagez, ou irrésolus, ou infideles? Que ne luy promit-on pas dans ces besoins? Mais quel fruit luy en revint-il, sinon de connoistre par experience le foible des grands Politiques; leurs volontez changeantes, ou leurs paroles trompeuses; la diverse face des temps; les amusemens des promesses; l'illusion des amitiez de la terre qui s'en vont avec les années & les interests; & la profonde obscurité du cœur de l'homme, qui ne sçait jamais ce qu'il voudra, qui souvent ne sçait pas bien ce qu'il veut, & qui n'est pas moins caché ni moins trompeur à luy-mesme qu'aux autres? O éternel Roy des siecles, qui possedez seul l'immortalité, voilà ce qu'on vous préfere; voilà ce qui éblouït les ames qu'on appelle grandes! Dans ces déplorables erreurs, la Princesse Palatine avoit les vertus que le monde admire, & qui font qu'une ame séduite s'admire elle-mesme : inébranlable dans ses amitiez, & incapable de manquer aux devoirs humains. La Reine sa sœur en fit l'épreuve dans un temps où leurs cœurs estoient desunis. Un nouveau conquerant s'éleve en Suede. On y voit un autre Gustave non moins fier, ni moins hardi, ou moins belliqueux que celuy dont le nom fait encore trembler l'Allemagne. Charles Gustave parut à la Pologne surprise & trahie, comme un lion qui tient sa proye dans ses ongles tout prest à la mettre en pieces. Qu'est devenuë cette redoutable cavalerie qu'on voit fondre sur l'ennemi avec la vitesse d'un aigle? Où sont ces ames guerrieres, ces marteaux d'armes tant vantez, & ces arcs qu'on ne vit jamais tendus en vain? Ni les chevaux ne font viftes, ni les hommes ne font adroits, que pour fuir devant le vainqueur. En mefme temps, la Pologne fe voit ravagée par le rebelle Cofaque, par le Mofcovite infidele, & plus encore par le Tartare, qu'elle appelle à fon fecours dans fon defefpoir. Tout nage dans le fang, & on ne tombe que fur des corps morts. La Reine n'a plus de retraite; elle a quitté le Royaume : aprés de courageux, mais de vains efforts, le Roy eft contraint de la fuivre : réfugiez dans la Silefie, où ils manquent des chofes les plus néceffaires, il ne leur refte qu'à confidérer de quel cofté alloit tomber ce grand arbre ébranlé par tant de mains & frapé de tant de coups à fa racine, ou qui en enleveroit les rameaux épars. Dieu en avoit difpofé autrement. La Pologne eftoit néceffaire à fon Eglife, & luy devoit un vangeur. Il la regarde en pitié. Sa main puiffante ramene en arriere le Suedois indomté, tout fremiffant qu'il eftoit. Il fe vange fur le Danois dont la foudaine invafion l'avoit rappellé, & déja il l'a réduit à l'extrémité. Mais l'Empire & la Hollande fe remuënt contre un conquerant, qui menaçoit tout le Nord de la fervitude. Pendant qu'il raffemble de nouvelles forces, & médite de nouveaux carnages, Dieu tonne du plus haut des cieux : le redouté capitaine tombe au plus beau temps de fa vie, & la Pologne eft délivrée. Mais le premier rayon d'efpérance vint de la Princeffe Palatine : honteufe de n'envoyer que cent mille livres au Roy & à la Reine de Pologne, elle les envoye du moins avec une incroyable promptitude. Qu'admira-t-on davantage, ou de ce que ce fecours vint fi à propos, ou de ce qu'il vint d'une main dont on ne l'attendoit pas, ou de ce que fans chercher d'excufe dans le mauvais eftat où fe trouvoient fes affaires, la Princeffe Palatine s'ofta tout pour foulager une fœur qui ne l'aimoit pas? Les deux Princeffes ne furent plus qu'un mefme cœur : la Reine parut vraiment Reine par une bonté & par une magnificence dont le bruit a retenti par toute la terre; & la Princeffe Palatine joignit au refpect qu'elle avoit pour une aifnée de ce rang & de ce mérite, une éternelle reconnoiffance.

Quel eft Messieurs, cét aveuglement dans une ame Chreftienne, & qui le pourroit comprendre, d'eftre incapable de manquer aux hommes, & de ne craindre pas de manquer à Dieu? comme fi le culte de Dieu ne tenoit aucun rang parmi les devoirs! Contez-nous donc maintenant, vous qui les fçavez, toutes les grandes qualitez de la Princeffe Palatine; faites-nous voir, fi vous le pouvez, toutes les graces de cette douce éloquence qui s'infinuoit dans les cœurs par des tours fi nouveaux & fi naturels; dites qu'elle eftoit généreufe, libérale, reconnoiffante, fidele dans fes promeffes, jufte : vous ne faites que raconter ce qui l'attachoit à elle-mefme. Je ne voy dans tout ce recit que le prodigue de l'Evangile, qui veut avoir fon partage, qui veut jouïr de foy-mefme & des biens que fon pere luy a donnez; qui s'en va le plus loin qu'il peut de la maifon paternelle, *dans un païs écarté*, où il diffipe tant de rares trefors, & en un mot où il donne au monde tout ce que Dieu vouloit avoir. Pendant qu'elle contentoit le monde, & fe contentoit elle-mefme, la Princeffe Palatine n'eftoit pas heureufe; & le vuide des chofes humaines fe faifoit fentir à fon cœur. Elle n'eftoit heureufe, ni pour avoir avec l'eftime du monde, qu'elle avoit tant defirée, celle du Roy mefme ; ni pour avoir l'amitié & la confiance de Philippe, &

des deux Princeffes, qui ont fait fucceffivement avec luy la feconde lumiere de la Cour : de Philippe, dis-je, ce grand Prince, que ni fa naiffance, ni fa valeur, ni la victoire elle-mefme, quoyqu'elle fe donne à luy avec tous fes avantages, ne peuvent enfler ; & de ces deux grandes Princeffes, dont l'on ne peut nommer l'une fans douleur, ni connoiftre l'autre fans l'admirer. Mais peut-eftre que le folide établiffement de la famille de noftre Princeffe achevera fon bonheur. Non, elle n'eftoit heureufe, ni pour avoir placé auprés d'elle la Princeffe Anne fa chere fille & les délices de fon cœur, ni pour l'avoir placée dans une maifon où tout eft grand. Que fert de s'expliquer davantage ? On dit tout, quand on prononce feulement le nom de Louis de Bourbon Prince de Condé, & d'Henri Jules de Bourbon Duc d'Anguien. Avec un peu plus de vie, elle auroit veû les grands dons, & le premier des mortels, touché de ce que le monde admire le plus aprés luy, fe plaire à le reconnoiftre par de dignes diftinctions. C'eft ce qu'elle devoit attendre du mariage de la Princeffe Anne. Celuy de la Princeffe Benedicte ne fut gueres moins heureux, puifqu'elle époufa Jean Frideric Duc de Brunfvic & d'Hanovre, Souverain puiffant, qui avoit joint le fçavoir avec la valeur, la Religion Catholique avec les vertus de fa Maifon, & pour comble de joye à noftre Princeffe, le fervice de l'Empire avec les interefts de la France. Tout eftoit grand dans fa famille ; & la Princeffe Marie fa fille n'auroit eû à defirer fur la terre qu'une vie plus longue. Que s'il falloit avec tant d'éclat, la tranquillité & la douceur : elle trouvoit dans un Prince auffi grand d'ailleurs que celuy qui honore cette audience, avec les grandes qualitez, celles qui pouvoient contenter fa délicateffe ; & dans la Ducheffe fa chere fille, un naturel tel qu'il le falloit à un cœur comme le fien, un efprit qui fe fait fentir fans vouloir briller, une vertu qui devoit bien-toft forcer l'eftime du monde, & comme une vive lumiere percer tout-à-coup avec grand éclat un beau, mais fombre nuage. Cette alliance fortunée luy donnoit une perpétuelle & étroite liaifon avec le Prince qui de tout temps avoit le plus ravi fon eftime : Prince qu'on admire autant dans la paix que dans la guerre, en qui l'univers attentif ne voit plus rien à defirer, & s'étonne de trouver enfin toutes les vertus en un feul homme. Que falloit-il davantage, & que manquoit-il au bonheur de noftre Princeffe ? Dieu qu'elle avoit connu ; & tout avec luy. Une fois elle luy avoit rendu fon cœur. Les douceurs celeftes qu'elle avoit gouftées fous les aifles de Sainte Fare, eftoient revenuës dans fon efprit. Retirée à la campagne, fequeftrée du monde, elle s'occupa trois ans entiers à regler fa confcience & fes affaires. Un million qu'elle retira du Duché de Rethelois fervit à multiplier fes bonnes œuvres ; & la premiere fut d'aquiter ce qu'elle devoit avec une fcrupuleufe régularité, fans fe permettre ces compofitions fi adroitement colorées, qui fouvent ne font qu'une injuftice couverte d'un nom fpecieux. Eft-ce donc icy cét heureux retour que je vous promets depuis fi long-temps ? Non, Messieurs : vous ne verrez encore à cette fois qu'un plus déplorable éloignement. Ni les confeils de la Providence, ni l'état de la Princeffe ne permettoient qu'elle partageaft tant foit peu fon cœur : une ame comme la fienne ne fouffre point de tels partages ; & il falloit ou tout à fait rompre, ou fe rengager tout à fait avec le monde. Les affaires l'y rappellerent : fa pieté s'y diffipa encore une fois : elle éprouva que Jesus-Christ n'a pas dit en vain : *Fiunt noviffima hominis illius pejora prioribus :* l'etat de l'homme qui retombe devient pire que le *premier*. Tremblez, ames réconciliées, qui renoncez fi fouvent à la grace de la penitence : tremblez, puifque chaque chûte creufe fous vos pas de nouveaux abifmes : tremblez enfin au terrible éxemple de la Princeffe Palatine. A ce coup le Saint Efprit irrité fe retire : les ténebres s'épaiffiffent; la foy s'éteint. Un faint Abbé dont la doctrine & la vie font un ornement de noftre fiecle, ravi d'une converfion auffi admirable & auffi parfaite que celle de noftre Princeffe, luy ordonna de l'écrire pour l'édification de l'Eglife. Elle commence ce recit en confeffant fon erreur. Vous, Seigneur, dont la bonté infinie n'a rien donné aux hommes de plus efficace pour effacer leurs péchez, que la grace de les reconnoiftre : recevez l'humble confeffion de voftre fervante; & en mémoire d'un tel facrifice, s'il luy refte quelque chofe à expier après une fi longue penitence, faites-luy fentir aujourd'huy vos miféricordes. Elle confeffe donc, Chrestiens, qu'elle avoit tellement perdu les lumieres de la Foy, que lors qu'on parloit férieufement des Myfteres de la Religion, elle avoit peine à retenir ce ris dédaigneux, qu'excitent les perfonnes fimples lors qu'on leur voit croire des chofes impoffibles : *Et*, pourfuit-elle, *c'euft efté pour moy le plus grand de tous les miracles, que de me faire croire fermement le Chriftianifme*. Que n'euft-elle pas donné pour obtenir ce miracle ? Mais l'heure marquée par la divine Providence n'eftoit pas encore venuë. C'eftoit le temps où elle devoit eftre livrée à elle-mefme, pour mieux fentir dans la fuite la merveilleufe victoire de la Grace. Ainfi elle gémiffoit dans fon incrédulité qu'elle n'avoit pas la force de vaincre. Peu s'en faut qu'elle ne s'emporte jufqu'à la dérifion, qui eft le dernier excés, & comme le triomphe de l'orgueïl; & qu'elle ne fe trouve parmi *ces moqueurs dont le jugement eſt ſi proche,* ſelon la parole du Sage : *Parata ſunt deriſoribus judicia.* Déplorable aveuglement! Dieu a fait un ouvrage au milieu de nous, qui détaché de toute autre cauſe, & ne tenant qu'à luy ſeul, remplit tous les temps & tous les lieux, & porte par toute la terre avec l'impreſſion de ſa main le caractere de ſon autorité : c'eſt Jesus-Christ & ſon Egliſe. Il a mis dans cette Egliſe une autorité, ſeule capable d'abbaiſſer l'orgueïl & de relever la ſimplicité ; & qui également propre aux ſçavans & aux ignorans, imprime aux uns & aux autres un meſme reſpect. C'eſt contre cette autorité que les libertins ſe révoltent avec un air de mépris. Mais qu'ont-ils veû ces rares genies, qu'ont-ils veû plus que les autres? Quelle ignorance eſt la leur! & qu'il ſeroit aiſé de les confondre ; ſi foibles & préſomptueux ils ne craignoient d'eſtre inſtruits! Car penſent-ils avoir mieux veû les difficultez à cauſe qu'ils y ſuccombent, & que les autres qui les ont veüës, les ont mépriſées? Ils n'ont rien veû : ils n'entendent rien : ils n'ont pas meſme de quoy établir le néant, auquel ils eſperent aprés cette vie ; & ce miſérable partage ne leur eſt pas aſſeuré. Ils ne ſçavent s'ils trouveront un Dieu propice, ou un Dieu contraire. S'ils le font égal au vice & à la vertu : quelle idole! Que s'il ne dédaigne pas de juger ce qu'il a créé, & encore ce qu'il a créé capable d'un bon & d'un mauvais choix : qui leur dira, ou ce qui luy plaiſt, ou ce qui l'offenſe, ou ce qui l'appaiſe? Par où ont-ils deviné, que tout ce qu'on penſe de ce premier eſtre, ſoit indifférent ; & que toutes les Religions qu'on voit ſur la terre, luy ſoient également bonnes? Parce qu'il y en a de fauſſes, s'enſuit-il qu'il n'y en ait pas une veritable : ou qu'on ne puiſſe plus connoiſtre l'ami ſincere, parce qu'on eſt environné de trompeurs? Eſt-ce peut-eſtre que tous ceux qui errent font de bonne foy? L'homme ne peut-il pas felon fa couftume s'en impofer à luy-mefme? Mais quel fupplice ne méritent pas les obftacles qu'il aura mis par fes préventions à des lumieres plus pures? Où a-t-on pris que la peine & la récompenfe ne foient que pour les jugemens humains; & qu'il n'y ait pas en Dieu une juftice, dont celle qui reluit en nous ne foit qu'une étincelle? Que s'il eft une telle juftice; fouveraine, & par confequent inévitable; divine, & par confequent infinie : qui nous dira qu'elle n'agiffe jamais felon fa nature, & qu'une juftice infinie ne s'exerce pas à la fin par un fupplice infini & éternel? Où en font donc les impies, & qu'elle affeurance ont-ils contre la vangeance éternelle dont on les menace? Au defaut d'un meilleur refuge, iront-ils enfin fe plonger dans l'abifme de l'athéïfme, & mettront-ils leur repos dans une fureur, qui ne trouve prefque point de place dans les efprits? Qui leur réfoudra ces doutes, puis qu'ils veulent les appeller de ce nom? Leur raifon, qu'ils prennent pour guide, ne préfente à leur efprit que des conjectures & des embarras. Les abfurditez où ils tombent en niant la Religion, deviennent plus infouftables que les véritez, dont la hauteur les étonne; & pour ne vouloir pas croire des myfteres incompréhenfibles, ils fuivent l'une aprés l'autre d'incompréhenfibles erreurs. Qu'eft-ce donc aprés tout, Messieurs, qu'eft-ce que leur malheureufe incrédulité, finon une erreur fans fin, une témérité qui hazarde tout, un étourdiffement volontaire, & en un mot un orgueïl qui ne peut fouffrir fon remede, c'eft à dire, une autorité légitime? Ne croyez pas que l'homme ne foit emporté que par l'intempérance des fens. L'intempérance de l'efprit n'eft pas moins flateufe. Comme l'autre, elle fe fait des plaifirs cachez, & s'irrite par la défenfe. Ce fuperbe croit s'élever audeffus de tout & audeffus de luy-mefme, quand il s'éleve, ce luy femble, audeffus de la Religion, qu'il a fi long-temps révérée : il fe met au rang des gens defabufez : il infulte en fon cœur aux foibles efprits qui ne font que fuivre les autres fans rien trouver par eux-mefmes; & devenu le feul objet de fes complaifances, il fe fait luy-mefme fon Dieu. C'eft dans cét abifme profond que la Princeffe Palatine alloit fe perdre. Il eft vray qu'elle defiroit avec ardeur de connoiftre la vérité. Mais où eft la vérité fans la foy, qui luy paroiffoit impoffible, à moins que Dieu l'établift en elle par un miracle? Que luy fervoit d'avoir confervé la connoiffance de la Divinité? Les efprits mefme les plus déréglez n'en rejettent pas l'idée, pour n'avoir point à fe reprocher un aveuglement trop vifible. Un Dieu qu'on fait à fa mode, auffi patient, auffi infenfible, que nos paffions le demandent, n'incommode pas. La liberté qu'on fe donne de penfer tout ce qu'on veut, fait qu'on croit refpirer un air nouveau. On s'imagine joûïr de foy-mefme & de fes defirs; & dans le droit qu'on penfe aquerir de ne fe rien refufer, on croit tenir tous les biens, & on les goufte par avance.

En cét eftat, CHRESTIENS, où la Foy mefme eft perduë, c'eft à dire, où le fondement eft renverfé; que reftoit-il à noftre Princeffe? que reftoit-il à une ame qui par un jufte jugement de Dieu eftoit décheûë de toutes les graces, & ne tenoit à JESUS-CHRIST par aucun lien? qu'y reftoit-il, CHRESTIENS, fi ce n'eft ce que dit Saint Auguftin? Il reftoit la fouveraine mifere & la fouveraine miféricorde : *reftabat magna miferia, & magna mifericordia.* Il reftoit ce fecret regard d'une Providence miféricordieufe, qui la vouloit rappeller des extrémitez de la terre; & voicy quelle fut la premiere touche. Preſtez l'oreille, MESSIEURS : elle a quelque choſe de miraculeux. Ce fut un ſonge admirable; de ceux que Dieu meſme fait venir du Ciel par le miniſtere des Anges; dont les images ſont ſi nettes & ſi démeſlées; où l'on voit je ne ſçay quoy de celeſte. Elle crut, c'eſt elle-meſme qui le raconte au ſaint Abbé : Ecoutez, & prenez garde ſur tout de n'écouter pas avec mépris l'ordre des avertiſſemens divins & la conduite de la Grace. Elle crut, dis-je, *que marchant ſeule dans une foreſt, elle y avoit rencontré un aveugle dans une petite loge. Elle s'approche pour luy demander, s'il eſtoit aveugle de naiſſance, où s'il l'eſtoit devenu par quelque accident. Il répondit qu'il eſtoit aveugle né. Vous ne ſçavez donc pas, reprit-elle, ce que c'eſt que la lumiere, qui eſt ſi belle & ſi agréable, & le Soleil qui a tant d'éclat & de beauté. Je n'ay, dit-il, jamais joüi de ce bel objet, & je ne m'en puis former aucune idée. Je ne laiſſe pas de croire, continua-t-il, qu'il eſt d'une beauté raviſſante. L'aveugle parut alors changer de voix & de viſage, & prenant un ton d'autorité : Mon éxemple, dit-il, vous doit apprendre qu'il y a des choſes tres-excellentes & tres-admirables qui échapent à noſtre veüë, & qui n'en ſont ni moins vrayes ni moins deſirables, quoyqu'on ne les puiſſe ni comprendre, ni imaginer.* C'eſt en effet qu'il manque un ſens aux incredules comme à l'aveugle; & ce ſens, c'eſt Dieu qui le donne, ſelon ce que dit Saint Jean : *Il nous a donné un ſens pour connoiſtre le vray Dieu, & pour eſtre en ſon vray Fils : Dedit nobis ſenſum, ut cognoſcamus verum Deum, & ſimus in vero filio ejus.* Noſtre Princeſſe le comprit. En meſme temps, au milieu d'un ſonge ſi myſterieux, *elle fit l'application de la belle comparaiſon de l'aveugle aux véritez de la Religion & de l'autre vie :* ce ſont ſes mots que je vous rapporte. Dieu qui n'a besoin ni de temps ni d'un long circuit de raisonnemens pour se faire entendre, tout-à-coup luy ouvrit les yeux. Alors, par une soudaine illumination, *elle se sentit si éclairée,* c'est elle-mesme qui continuë à vous parler, *& tellement transportée de la joye d'avoir trouvé ce qu'elle cherchoit depuis si long-temps, qu'elle ne put s'empescher d'embrasser l'aveugle, dont le discours luy découvroit une plus belle lumiere que celle dont il estoit privé : Et,* dit-elle, *il se répandit dans mon cœur une joye si douce & une foy si sensible, qu'il n'y a point de paroles capables de l'exprimer.* Vous attendez, CHRESTIENS, quel sera le réveil d'un sommeil si doux & si merveilleux. Ecoutez, & reconnoissez que ce songe est vraiment divin. *Elle s'éveilla là-dessus,* dit-elle, *& se trouva dans le mesme état où elle s'estoit veüë dans cét admirable songe; c'est à dire, tellement changée, qu'elle avoit peine à le croire.* Le miracle qu'elle attendoit est arrivé : elle croit, elle qui jugeoit la foy impossible : Dieu la change par une lumiere soudaine, & par un songe qui tient de l'extase. Tout suit en elle de la mesme force. *Je me levay,* poursuit-elle, *avec précipitation; mes actions estoient meslées d'une joye & d'une activité extraordinaire.* Vous le voyez : cette nouvelle vivacité qui animoit ses actions, se ressent encore dans ses paroles. *Tout ce que je lisois sur la Religion, me touchoit jusqu'à répandre des larmes. Je me trouvois à la Messe dans un état bien différent de celuy où j'avois accoustumé d'estre.* Car c'estoit de tous les mysteres celuy qui luy paroissoit le plus incroyable. *Mais alors,* dit-elle, *il me sembloit sentir la presence réelle de Nostre Seigneur à peu prés comme l'on sent les choses visibles, & dont l'on ne peut douter.* Ainsi elle passa tout-à-coup d'une profonde obscurité à une lumiere manifeste. Les nuages de son esprit sont dissipez : miracle aussi étonnant que celuy où Jesus-Christ fit tomber en un instant des yeux de Saul converti cette espece d'écaille dont ils estoient couverts. Qui donc ne s'écrieroit à un si soudain changement : *Le doigt de Dieu est icy?* La suite ne permet pas d'en douter, & l'operation de la Grace se reconnoist dans ses fruits. Depuis ce bienheureux moment, la foy de nostre Princesse fut inébranlable ; & mesme cette joye sensible qu'elle avoit à croire, luy fut continuée quelque temps. Mais au milieu de ces celestes douceurs, la justice divine eut son tour. L'humble Princesse ne crut pas qu'il luy fust permis d'approcher d'abord des Saints Sacremens. Trois mois entiers furent employez à repasser avec larmes ses ans écoulez parmi tant d'illusions, & à préparer sa Confession. Dans l'approche du jour desiré où elle esperoit de la faire, elle tomba dans une syncope qui ne luy laissa ni couleurs, ni pouls, ni respiration. Revenuë d'une si longue & si étrange défaillance, elle se vit replongée dans un plus grand mal ; & aprés les afres de la mort, elle ressentit toutes les horreurs de l'enfer. Digne effet des Sacremens de l'Eglise, qui donnez ou differez font sentir à l'ame la misericorde de Dieu, ou tout le poids de ses vangeances. Son Confesseur qu'elle appelle la trouve sans force, incapable d'application, & prononçant à peine quelques mots entrecoupez : il fut contraint de remettre la Confession au lendemain. Mais il faut qu'elle vous raconte elle-mesme quelle nuit elle passa dans cette attente. Qui sçait si la Providence n'aura pas amené icy quelque ame égarée, qui doive estre touchée de ce recit ? *Il est,* dit-elle, *impossible de s'imaginer les étranges peines de mon esprit sans les avoir éprouvées. J'appréhendois à chaque moment le retour de ma syncope, c'est à dire, ma mort, & ma dam-*

nation. J'avoûois bien que je n'eſtois pas digne d'une miſéricorde que j'avois ſi long-temps négligée : & je diſois à Dieu dans mon cœur, que je n'avois aucun droit de me plaindre de ſa juſtice; mais qu'enfin, choſe inſupportable! je ne le verrois jamais; que je ſerois éternellement avec ſes ennemis, éternellement ſans l'aimer, éternellement haïe de luy. Je ſentois tendrement ce déplaiſir, & je le ſentois meſme, comme je croy, ce ſont ſes propres paroles, *entierement détaché des autres peines de l'enfer*. Le voilà, Mes chères Sœurs, vous le connoiſſez, le voilà ce pur amour, que Dieu luymeſme répand dans les cœurs avec toutes ſes délicateſſes, & dans toute ſa vérité. La voilà cette crainte qui change les cœurs : non point la crainte de l'eſclave qui craint l'arrivée d'un maiſtre faſcheux; mais la crainte d'une chaſte épouſe qui craint de perdre ce qu'elle aime. Ces ſentimens tendres meſlez de larmes & de frayeur aigriſſoient ſon mal juſqu'à la derniere extrémité. Nul n'en pénétroit la cauſe, & on attribuoit ces agitations à la fievre dont elle eſtoit tourmentée. Dans cét état pitoyable, pendant qu'elle ſe regardoit comme une perſonne réprouvée & preſque ſans eſpérance de ſalut : Dieu qui fait entendre ſes véritez en telle maniere & ſous telles figures qu'il luy plaiſt, continua de l'inſtruire comme il a fait Joſeph & Salomon; & durant l'aſſoupiſſement que l'accablement luy cauſa, il luy mit dans l'eſprit cette parabole ſi ſemblable à celles de l'Evangile. Elle voit paroiſtre ce que Jesus-Christ n'a pas dédaigné de nous donner comme l'image de ſa tendreſſe; une poule devenuë mere, empreſſée autour des petits qu'elle conduiſoit. Un d'eux s'eſtant écarté, noſtre malade le voit englouti par un chien avide. Elle accourt, elle luy arrache cét innocent animal. En meſme temps on luy crie d'un autre cofté qu'il le falloit rendre au raviffeur, dont on éteindroit l'ardeur en luy enlevant fa proye. *Non*, dît-elle, *je ne le rendray jamais.* En ce moment elle s'éveilla; & l'application de la figure qui luy avoit efté montrée fe fit en un inftant dans fon efprit, comme fi on luy euft dit : *Si vous qui eftes mauvaife, ne pouvez vous réfoudre à rendre ce petit animal que vous avez fauvé ; pourquoy croyez-vous que Dieu infiniment bon vous redonnera au Démon, aprés vous avoir tirée de fa puiffance ? Efpérez, & prenez courage.* A ces mots elle demeura dans un calme & dans une joye qu'elle ne pouvoit exprimer, *comme fi un Ange luy euft appris*, ce font encore fes paroles, *que Dieu ne l'abandonneroit pas*. Ainfi tomba tout-à-coup la fureur des vents & des flots à la voix de Jesus-Christ qui les menaçoit ; & il ne fit pas un moindre miracle dans l'ame de noftre fainte Penitente, lors que parmi les frayeurs d'une confcience allarmée, & *les douleurs de l'enfer*, il luy fit fentir tout-à-coup par une vive confiance, avec la rémiffion de fes péchez, cette *paix qui furpaffe toute intelligence*. Alors une joye célefte faifit tous fes fens, *& les os humiliez treffaillirent*. Souvenez-vous, ô facré Pontife, quand vous tiendrez en vos mains la fainte Victime qui ofte les pechez du monde ; fouvenez-vous de ce miracle de fa Grace. Et vous, Saints Preftres, venez ; & vous, faintes Filles, & vous Chreftiens : venez auffi, ô pécheurs : tous enfemble, commençons d'une mefme voix le cantique de la délivrance, & ne ceffons de répéter avec David : *Que Dieu eft bon, que fa mifericorde eft éternelle!* Il ne faut point manquer à de telles graces, ni les recevoir avec molleffe. La Princeffe Palatine change en un moment toute entiere : nulle parure que la fimplicité, nul ornement que la modeftie. Elle fe montre au monde à cette fois ;

mais ce fut pour luy déclarer qu'elle avoit renoncé à fes vanitez. Car auffi quelle erreur à une Chreftienne, & encore à une Chreftienne penitente, d'orner ce qui n'eft digne que de fon mépris? de peindre, & de parer l'idole du monde? de retenir comme par force, & avec mille artifices autant indignes qu'inutiles, ces graces qui s'envolent avec le temps? Sans s'effrayer de ce qu'on diroit, fans craindre comme autrefois ce vain fantofme des ames infirmes dont les Grands font épouvantez plus que tous les autres, la Princeffe Palatine parut à la Cour fi différente d'elle-mefme : & deflors elle renonça à tous les divertiffemens, à tous les jeux jufqu'aux plus innocens; fe foumettant aux féveres lois de la penitence Chreftienne, & ne fongeant qu'à reftraindre & à punir une liberté qui n'avoit pû demeurer dans fes bornes. Douze ans de perféverance au milieu des épreuves les plus difficiles l'ont élevée à un éminent degré de fainteté. La regle qu'elle fe fit dés le premier jour fut immuable : toute fa maifon y entra : chez elle on ne faifoit que paffer d'un éxercice de piété à un autre. Jamais l'heure de l'oraifon ne fut changée ni interrompuë, pas mefme par les maladies. Elle fçavoit que dans ce commerce facré tout confifte à s'humilier fous la main de Dieu, & moins à donner qu'à recevoir. Ou plûtoft, felon le précepte de Jesus-Christ, fon oraifon fut perpetuelle pour eftre égale au befoin. La lecture de l'Evangile & des livres faints en fourniffoit la matiere : fi le travail fembloit l'interrompre, ce n'eftoit que pour la continuer d'une autre forte. Par le travail on charmoit l'ennuy, on ménageoit le temps, on guériffoit la langueur de la pareffe & les pernicieufes rêveries de l'oifiveté. L'efprit fe relafchoit pendant que les mains induftrieufement occupées s'éxerçoient dans des ouvrages dont la piété avoit donné le deffein : c'eftoit ou des habits pour les pauvres, ou des ornemens pour les Autels. Les Pfeaumes avoient fuccédé aux cantiques des joyes du fiecle. Tant qu'il n'eftoit point néceffaire de parler, la fage Princeffe gardoit le filence : la vanité & les médifances, qui fouftiennent tout le commerce du monde, luy faifoient craindre tous les entretiens; & rien ne luy paroiffoit ni agréable ni feur que la folitude. Quand elle parloit de Dieu, le gouft intérieur d'où fortoient toutes fes paroles, fe communiquoit à ceux qui converfoient avec elle; & les nobles expreffions qu'on remarquoit dans fes difcours ou dans fes écrits, venoient de la haute idée qu'elle avoit conceûë des chofes divines. Sa foy ne fut pas moins fimple que vive : dans les fameufes queftions qui ont troublé en tant de manieres le repos de nos jours, elle déclaroit hautement qu'elle n'avoit autre part à y prendre, que celle d'obéïr à l'Eglife. Si elle euft eû la fortune des Ducs de Nevers fes peres, elle en auroit furpaffé la pieufe magnificence, quoy-que cent temples fameux en portent la gloire jufqu'au Ciel, *& que les Eglifes des Saints publient leurs aumofnes*. Le Duc fon pere avoit fondé dans fes terres de quoy marier tous les ans foixante filles : riche oblation, préfent agréable. La Princeffe fa fille en marioit auffi tous les ans ce qu'elle pouvoit, ne croyant pas affez honorer les libéralitez de fes anceftres, fi elle ne les imitoit. On ne peut retenir fes larmes, quand on luy voit épancher fon cœur fur de vieilles femmes qu'elle nouriffoit. Des yeux fi délicats firent leurs délices de ces vifages ridez, de ces membres courbez fous les ans. Ecoutez ce qu'elle en écrit au fidelle miniftre de fes charitez; & dans un mefme difcours apprenez à goufter la fimplicité & la charité chreftienne. *Je fuis ravie*, dit-elle, *que l'affaire de nos* bonnes vieilles foit fi avancée. *Achevons vifte au nom de Noftre Seigneur ; oftons viftement cette bonne femme de l'étable où elle eft, & la mettons dans un de ces petits lits.* Quelle nouvelle vivacité fuccede à celle que le monde infpire ! Elle pourfuit : *Dieu me donnera peut-eftre de la fanté, pour aller fervir cette paralytique : au moins je le feray par mes foins, fi les forces me manquent ; & joignant mes maux aux fiens, je les offriray plus hardiment à Dieu. Mandez-moy ce qu'il faut pour la nourriture & les uftenciles de ces pauvres femmes ; peu à peu nous les mettrons à leur aife.* Je me plais à répéter toutes ces paroles, malgré les oreilles délicates : elles effacent les difcours les plus magnifiques, & je voudrois ne parler plus que ce langage. Dans les néceffitez extraordinaires, fa charité faifoit de nouveaux efforts. Le rude hiver des années dernieres acheva de la dépouïller de ce qui luy reftoit de fuperflu : tout devint pauvre dans fa maifon & fur fa perfonne : elle voyoit difparoiftre avec une joye fenfible les reftes des pompes du monde ; & l'aumofne luy apprenoit à fe retrancher tous les jours quelque chofe de nouveau. C'eft en effet la vraye grace de l'aumofne, en foulageant les befoins des pauvres, de diminuer en nous d'autres befoins ; c'eft à dire, ces befoins honteux qu'y fait la délicateffe, comme fi la nature n'eftoit pas affez accablée de néceffitez. Qu'attendez-vous, Chrestiens, à vous convertir ; & pourquoy défefpérez-vous de voftre falut ? Vous voyez la perfection où s'éleve l'ame penitente, quand elle eft fidele à la grace. Ne craignez ni la maladie, ni les dégoufts, ni les tentations, ni les peines les plus cruelles. Une perfonne fi fenfible & fi délicate, qui ne pouvoit feulement entendre nommer les maux, a foufert douze ans entiers, & prefque fans intervalle, ou les plus vives douleurs, ou des langueurs qui épuifoient le corps & l'efprit : & cependant durant tout ce temps, & dans les tourmens inouïs de fa derniere maladie, où fes maux s'augmenterent jufques aux derniers excés, elle n'a eû à fe repentir que d'avoir une feule fois fouhaité une mort plus douce. Encore réprima-t-elle ce foible defir, en difant auffitoft aprés avec Jesus-Christ la priere du facré myftere du Jardin : c'eft ainfi qu'elle appelloit la priere de l'agonie de Noftre Sauveur; *O mon Pere, que voftre volonté foit faite, & non pas la mienne.* Ses maladies luy ofterent la confolation qu'elle avoit tant defirée d'accomplir fes premiers deffeins, & de pouvoir achever fes jours fous la difcipline & dans l'habit de Sainte Fare. Son cœur donné ou plûtoft rendu à ce Monaftere, où elle avoit goufté les premieres graces, a témoigné fon defir; & fa volonté a efté aux yeux de Dieu un facrifice parfait. C'euft efté un fouftien fenfible à une ame comme la fienne d'accomplir de grands ouvrages pour le fervice de Dieu : mais elle eft menée par une autre voye; par celle qui crucifie davantage; qui fans rien laiffer entreprendre à un efprit courageux, le tient accablé & anéanti fous la rude loy de fouffrir. Encore s'il euft plû à Dieu de luy conferver ce gouft fenfible de la piété, qu'il avoit renouvellé dans fon cœur au commencement de fa penitence : mais, non; tout luy eft ofté; fans ceffe elle eft travaillée de peines infupportables. *O Seigneur,* difoit le faint homme Job, *vous me tourmentez d'une maniere merveilleufe!* C'eft que fans parler icy de fes autres peines, il portoit au fond de fon cœur une vive & continuelle appréhenfion de déplaire à Dieu. Il voyoit d'un cofté fa fainte juftice, devant laquelle les Anges ont peine à fouftenir leur innocence. Il le voyoit avec ces yeux éternellement ouverts obferver toutes les démarches, conter tous les pas d'un pécheur, & *garder fes péchez comme fous le fceau,* pour les luy reprefenter au dernier jour : *Signafti quafi in facculo delicta mea.* D'un autre cofté, il reffentoit ce qu'il y a de corrompu dans le cœur de l'homme : *Je craignois,* dit-il, *toutes mes œuvres.* Que vois-je ! le péché ? le péché partout ! Et il s'écrioit nuit & jour : *O Seigneur, Pourquoy n'oftez-vous pas mes péchez ?* Et que ne tranchez-vous une fois ces malheureux jours, où l'on ne fait que vous offenfer, afin qu'il ne foit pas dit, *que je fois contraire à la parole du Saint ?* Tel eftoit le fond de fes peines; & ce qui paroift de fi violent dans fes difcours, n'eft que la délicateffe d'une confcience qui fe redoute elle-mefme, ou l'excés d'un amour qui craint de déplaire. La Princeffe Palatine fouffrit quelque chofe de femblable. Quel fupplice à une confcience timorée ! Elle croyoit voir par tout dans fes actions un amour propre déguifé en vertu. Plus elle eftoit clairvoyante, plus elle eftoit tourmentée. Ainfi Dieu l'humilioit par ce qui a couftume de nourrir l'orgueïl, & luy faifoit un remede de la caufe de fon mal. Qui pourroit dire par quelles terreurs elle arrivoit aux délices de la fainte table ? Mais elle ne perdoit pas la confiance. *Enfin,* dit-elle, c'eft ce qu'elle écrit au faint Preftre que Dieu luy avoit donné pour la fouftenir dans fes peines : *Enfin je fuis parvenuë au divin banquet. Je m'eftois levée dés le matin pour eftre devant le jour aux portes du Seigneur : mais luy feul fçait les combats qu'il a fallu rendre.* La matinée fe paffoit dans ce cruel éxercice. *Mais à la fin,* pourfuit-elle, *malgré mes foibleffes je me fuis comme traifnée moy-mefme aux pieds de Noftre Seigneur; & j'ay connu qu'il falloit, puifque tout s'eft fait en moy par la force de la divine bonté, que je receuffe encore avec une efpece de force ce der-*

*nier & souverain bien.* Dieu luy découvroit dans ces peines l'ordre secret de sa justice sur ceux qui ont manqué de fidelité aux graces de la penitence. *Il n'appartient pas,* disoit-elle, *aux esclaves fugitifs, qu'il faut aller reprendre par force, & les ramener comme malgré eux, de s'asseoir au festin avec les enfans & les amis; & c'est assez qu'il leur soit permis de venir recueillir à terre les miettes qui tombent de la table de leurs seigneurs.* Ne vous étonnez pas, Chrestiens, si je ne fais plus, foible orateur, que de répéter les paroles de la Princesse Palatine : c'est que j'y ressens la manne cachée, & le goust des Ecritures divines, que ses peines & ses sentimens luy faisoient entendre. Malheur à moy, si dans cette chaire j'aime mieux me chercher moy-mesme que vostre salut, & si je préfere à mes inventions, quand elles pourroient vous plaire, les expériences de cette Princesse, qui peuvent vous convertir! Je n'ay regret qu'à ce que je laisse, & je ne puis vous taire ce qu'elle a écrit touchant les tentations d'incrédulité. *Il est bien croyable,* disoit-elle, *qu'un Dieu qui aime infiniment, en donne des preuves proportionnées à l'infinité de son amour, & à l'infinité de sa puissance : & ce qui est propre à la toute-puissance d'un Dieu, passe de bien loin la capacité de nostre foible raison. C'est,* ajouste-t-elle, *ce que je me dis à moy-mesme, quand les Démons taschent d'étonner ma foy; & depuis qu'il a plû à Dieu de me mettre dans le cœur,* remarquez ces belles paroles, *que son amour est la cause de tout ce que nous croyons, cette réponse me persuade plus que tous les livres.* C'est en effet l'abrégé de tous les saints Livres, & de toute la doctrine chrestienne. Sortez parole éternelle, Fils unique du Dieu vivant, sortez du bienheureux sein de vostre Pere, & venez annoncer aux hommes le secret que vous y

voyez. Il l'a fait, & durant trois ans il n'a ceffé de nous
dire le fecret des confeils de Dieu. Mais tout ce qu'il
en a dit eft renfermé dans ce feul mot de fon Evangile : *Dieu a tant aimé le monde, qu'il luy a donné fon
Fils unique.* Ne demandez plus ce qui a uni en JESUS-
CHRIST le Ciel & la terre, & la croix avec les grandeurs. *Dieu a tant aimé le monde.* Eft-il incroyable
que Dieu aime, & que la bonté fe communique? Que
ne fait pas entreprendre aux ames courageufes l'amour
de la gloire ; aux ames les plus vulgaires l'amour des
richeffes ; à tous enfin, tout ce qui porte le nom d'a-
mour? Rien ne coufte, ni perils, ni travaux, ni peines :
& voilà tous les prodiges dont l'homme eft capable. Que
fi l'homme, qui n'eft que foibleffe, tente l'impoffible :
Dieu, pour contenter fon amour, n'exécutera-t-il rien
d'extraordinaire? Difons donc pour toute raifon dans
tous les myfteres : *Dieu a tant aimé le monde.* C'eft la
doctrine du Maiftre, & le Difciple bien-aimé l'avoit
bien comprife. De fon temps un Cerinthe, un Héréfiarque, ne vouloit pas croire qu'un Dieu euft pû fe
faire homme, & fe faire la victime des pécheurs. Que
luy répondit cét Apoftre vierge, ce Prophete du nouveau Teftament, cét aigle, ce Théologien par excel-
lence : ce faint vieillard, qui n'avoit de force que pour
prefcher la charité, & pour dire, *Aimez-vous les uns
les autres en Noftre Seigneur ;* que répondit-il à cét
Héréfiarque? Quel fymbole, quelle nouvelle confeffion
de foy oppofa-t-il à fon héréfie naiffante? Ecoutez, &
admirez. *Nous croyons*, dit-il, *& nous confeffons l'a-
mour que Dieu a pour nous : Et nos credidimus chari-
tati, quam habet Deus in nobis.* C'eft-là toute la foy
des Chreftiens : c'eft la caufe & l'abrégé de tout le
fymbole. C'eft là, que la Princeffe Palatine a trouvé
la réfolution de fes anciens doutes. Dieu a aimé : c'eft

tout dire. S'il a fait, difoit-elle, de fi grandes chofes pour déclarer fon amour dans l'Incarnation : que n'aura-t-il pas fait, pour le confommer dans l'Euchariftie, pour fe donner, non plus en général à la nature humaine, mais à chaque fidele en particulier? Croyons donc avec Saint Jean en l'amour d'un Dieu : la foy nous paroiftra douce, en la prenant par un endroit fi tendre. Mais n'y croyons pas à demi, à la maniere des Hérétiques, dont l'un en retranche une chofe & l'autre une autre; l'un le myftere de l'Incarnation, & l'autre celuy de l'Euchariftie; chacun ce qui luy déplaift : foibles efprits, ou plûtoft cœurs étroits & entrailles refferrées, que la Foy & la Charité n'ont pas affez dilatées pour comprendre toute l'étenduë de l'amour d'un Dieu. Pour nous, croyons fans réferve, & prenons le remede entier, quoy qu'il en coufte à noftre raifon. Pourquoy veut-on que les prodiges couftent tant à Dieu ? Il n'y a plus qu'un feul prodige, que j'annonce aujourd'huy au monde. O ciel, ô terre, étonnez-vous à ce prodige nouveau ! C'eft que parmi tant de témoignages de l'amour divin, il y ait tant d'incrédules & tant d'infenfibles. N'en augmentez pas le nombre, qui va croiffant tous les jours. N'alleguez plus voftre malheureufe incrédulité, & ne faites pas une excufe de voftre crime. Dieu a des remedes pour guérir, & il ne refte qu'à les obtenir par des vœux continuels. Il a fceû prendre la fainte Princeffe dont nous parlons, par le moyen qui luy a plû : il en a d'autres pour vous jufqu'à l'infini, & vous n'avez rien à craindre, que de défefpérer de fes bontez. Vous ofez nommer vos ennuis, aprés les peines terribles où vous l'avez veûë ? Cependant, fi quelquefois elle defiroit en eftre foulagée, elle fe le reprochoit à elle mefme : *Je commence*, difoit-elle, *à m'appercevoir que je cherche le paradis terreſtre à la ſuite de* Jesus-Christ, *au lieu de chercher la montagne des Olives & le Calvaire, par où il eſt entré dans ſa gloire.* Voilà ce qu'il luy fervit de méditer l'Evangile nuit & jour, & de ſe nourrir de la parole de vie. C'eſt encore ce qui luy fit dire cette admirable parole, *Qu'elle aimoit mieux vivre & mourir ſans conſolation que d'en chercher hors de Dieu.* Elle a porté ces ſentimens juſqu'à l'agonie ; & preſte à rendre l'ame, on entendit qu'elle diſoit d'une voix mourante : *Je m'en vais voir comment Dieu me traitera ; mais j'eſpere en ſes miſericordes.* Cette parole de confiance emporta ſon ame ſainte au ſejour des Juſtes. Arreſtons icy, Chrestiens : & vous, Seigneur, impoſez ſilence à cét indigne Miniſtre, qui ne fait qu'affoiblir voſtre parole. Parlez dans les cœurs, Prédicateur inviſible, & faites que chacun ſe parle à ſoy-meſme. Parlez, mes Freres parlez : je ne ſuis icy que pour aider vos reflexions. Elle viendra cette heure derniere : elle approche, nous y touchons, la voilà venuë. Il faut dire avec Anne de Gonzague : Il n'y a plus ni Princeſſe, ni Palatine ; ces grands noms, dont on s'étourdit, ne ſubſiſtent plus. Il faut dire avec elle : Je m'en vais, je ſuis emporté par une force inévitable ; tout fuit, tout diminuë, tout diſparoiſt à mes yeux. Il ne reſte plus à l'homme que le néant & le péché : pour tout fonds, le neant ; pour toute aquiſition, le péché. Le reſte, qu'on croyoit tenir, échape : ſemblable à de l'eau gelée, dont le vil cryſtal ſe fond entre les mains qui le ſerrent, & ne fait que les ſalir. Mais voicy ce qui glacera le cœur, ce qui achevera d'éteindre la voix, ce qui répandra la frayeur dans toutes les veines : *Je m'en vais voir comment Dieu me traitera ;* dans un moment, je ſeray entre ces mains, dont Saint Paul écrit en tremblant : *Ne vous y trompez pas, on ne ſe moque pas de Dieu* : & encore : *C'eſt une choſe horrible de tomber entre les mains du Dieu vivant;* entre ces mains, où tout eſt action, où tout eſt vie; rien ne s'affoiblit, ni ſe relaſche, ni ne ſe ralentit jamais : Je m'en vais voir, ſi ces mains toutepuiſſantes me feront favorables ou rigoureuſes ; ſi je ſeray éternellement, ou parmi leurs dons, ou ſous leurs coups. Voilà ce qu'il faudra dire néceſſairement avec noſtre Princeſſe. Mais pourrons-nous ajouſter avec une conſcience auſſi tranquille, *J'eſpere en ſa miſericorde?* Car, qu'aurons-nous fait pour la fléchir ? Quand aurons-nous écouté *la voix de celuy qui crie dans le deſert, Préparez les voyes du Seigneur?* Comment ? par la penitence. Mais ferons-nous fort contens d'une penitence commencée à l'agonie, qui n'aura jamais eſté éprouvée, dont jamais on n'aura veû aucun fruit; d'une penitence imparfaite, d'une penitence nulle; douteuſe, ſi vous le voulez; ſans forces, ſans réflexion, ſans loiſir pour en réparer les defauts ? N'en eſt-ce pas aſſez pour eſtre pénétré de crainte juſques dans la moëlle des os ? Pour celle dont nous parlons, ha, MES FRERES, toutes les vertus qu'elle a pratiquées ſe ramaſſent dans cette derniere parole, dans ce dernier acte de ſa vie : la foy, le courage, l'abandon à Dieu, la crainte de ſes jugemens, & cét amour plein de confiance, qui ſeul efface tout les pechez. Je ne m'étonne donc pas, ſi le ſaint Paſteur qui l'aſſiſta dans ſa derniere maladie, & qui recueïllit ſes derniers ſoupirs, pénétré de tant de vertus, les porta juſques dans la chaire, & ne put s'empéſcher de les célébrer dans l'aſſemblée des Fidelles. Siecle vainement ſubtil, où l'on veut pecher avec raiſon, où la foibleſſe veut s'autoriſer par des maximes, où tant d'ames inſenſées cherchent leur repos dans le naufrage de la Foy, & ne font d'effort contre elles-meſmes que pour vaincre, au lieu de leurs paſſions, les remords de leur confcience : la Princeffe Palatine t'eft donnée *comme un figne & un prodige* : *in fignum & in portentum.* Tu la verras au dernier jour, comme je t'en ay menacé, confondre ton impenitence & tes vaines excufes. Tu la verras fe joindre à ces faintes Filles & à toute la troupe des Saints : & qui pourra fouftenir leurs redoutables clameurs ? Mais que fera-ce quand Jesus-Christ paroiftra luy-mefme à ces malheureux ; quand ils verront celuy qu'ils auront percé, comme dit le Prophete ; dont ils auront rouvert toutes les playes : & qui leur dira d'une voix terrible : *Pourquoy me dechirez-vous par vos blafphefmes,* nation impie? *Me configitis gens tota.* Ou fi vous ne le faifiez pas par vos paroles, pourquoy le faifiez-vous par vos œuvres! Ou pourquoy avez-vous marché dans mes voyes d'un pas incertain, comme fi mon autorité eftoit douteufe? Race infidele, me connoiffez-vous à cette fois? Suis-je voftre Roy, fuis-je voftre Juge, fuis-je voftre Dieu. Apprenez-le par voftre fupplice. Là commencera ce pleur éternel; là ce grincement de dents, qui n'aura jamais de fin. Pendant que les orgueïlleux feront confondus, vous Fidelles *qui tremblez à fa parole,* en quelque endroit que vous foyiez de cét Auditoire peu connus des hommes & connus de Dieu, vous commencerez à lever la tefte. Si touchez des faints exemples que je vous propofe, vous laiffez attendrir vos cœurs ; fi Dieu a beni le travail, par lequel je tafche de vous enfanter en Jesus-Christ ; & que trop indigne Miniftre de fes confeils je n'y aye pas efté moi-mefme un obftacle : vous benirez la bonté divine, qui vous aura conduits à la pompe funebre de cette pieufe Princeffe, où vous aurez peut-eftre trouvé le commencement de la véritable vie. Et vous, Prince, qui l'avez tant honorée pendant qu'elle eftoit au monde, qui favorable interprete de fes moindres defirs, continuez voftre protection & vos soins à tout ce qui luy fut cher, & qui luy donnez les dernieres marques de piété avec tant de magnificence & tant de zele : vous, Princesse, qui gémissez en luy rendant ce triste devoir, & qui avez espéré de la voir revivre dans ce discours : que vous diray-je pour vous consoler ? Comment pourray-je, Madame, arrester ce torrent de larmes, que le temps n'a pas épuisé, que tant de justes sujets de joye n'ont pas tari ? Reconnoissez icy le monde : reconnoissez ses maux toûjours plus réels que ses biens, & ses douleurs par conséquent plus vives & plus pénétrantes que ses joyes. Vous avez perdu ces heureux momens, où vous joüissiez des tendresses d'une mere, qui n'eut jamais son égale : vous avez perdu cette source inépuisable de sages conseils : vous avez perdu ces consolations, qui par un charme secret faisoient oublier les maux dont la vie humaine n'est jamais exempte. Mais il vous reste ce qu'il y a de plus précieux : l'espérance de la rejoindre dans le jour de l'Eternité, & en attendant sur la terre, le souvenir de ses instructions, l'image de ses vertus, & les exemples de sa vie.

# ORAISON FUNEBRE

DE TRES-HAUT

ET PUISSANT SEIGNEUR

MESSIRE

# MICHEL LE TELLIER

### CHEVALIER

### CHANCELIER DE FRANCE

*Prononcée en l'Eglife paroiffiale de Saint-Gervais,
où il eft inhumé, le 25. Janvier 1686.*

Par Messire Jacques Benigne BOSSUET
Evefque de Meaux,
Confeiller du Roy en fes Confeils,
Cy devant Précepteur de Monfeigneur le Dauphin, Premier Aumofnier
de Madame la Dauphine.

## A PARIS

Par Sebastien MABRE-CRAMOISY
IMPRIMEUR DU ROY ET DIRECTEUR DE SON IMPRIMERIE ROYALE
M. DC. LXXXVI.

# ORAISON FUNEBRE

## DE MESSIRE

# MICHEL LE TELLIER

### CHANCELIER DE FRANCE.

*Poſſide ſapientiam, acquire prudentiam ; arripe illam, & exaltabit te : glorificaberis ab eâ, cùm eam fueris amplexatus.*

Poſſedez la ſageſſe, & aquerez la prudence : ſi vous la cherchez avec ardeur, elle vous élevera ; & vous remplira de gloire, quand vous l'aurez embraſſée.   Prov. IV. 7.

Messeigneurs,

n louant l'homme incomparable dont cette illuſtre Aſſemblée célebre les funérailles & honore les vertus, je loûerai la ſageſſe meſme : & la ſageſſe que je dois loûer dans ce diſcours, n'eſt pas celle qui éleve les hommes & qui agrandit les maiſons ; ni celle qui gouverne les empires, qui regle la paix & la guerre, & enfin qui dicte les loix, & qui diſpenſe les graces. Car encore que ce grand Miniſtre, choiſi par la divine Providence pour pré-

fider aux Confeils du plus fage de tous les Rois, ait efté le digne inftrument des deffeins les mieux concertez que l'Europe ait jamais veûs ; encore que la fageffe, aprés l'avoir gouverné dés fon enfance, l'ait porté aux plus grands honneurs & au comble des félicitez humaines : fa fin nous a fait paroiftre que ce n'eftoit pas pour ces avantages qu'il en écoutoit les confeils. Ce que nous luy avons veû quitter fans peine, n'eftoit pas l'objet de fon amour. Il a connu la fageffe que le monde ne connoift pas ; cette fageffe *qui vient d'enhaut, qui defcend du Pere des lumieres*, & qui fait marcher les hommes dans les fentiers de la juftice. C'eft elle dont la prévoyance s'étend aux fiecles futurs, & enferme dans fes deffeins l'éternité toute entiere. Touché de fes immortels & invifibles attraits, il l'a recherchée avec ardeur, felon le précepte du Sage. *La fageffe vous élevera*, dit Salomon, *& vous donnera de la gloire quand vous l'aurez embraffée.* Mais ce fera une gloire que le fens humain ne peut comprendre. Comme ce fage & puiffant Miniftre afpiroit à cette gloire, il l'a préférée à celle dont il fe voyoit environné fur la terre. C'eft pourquoy fa modération l'a toûjours mis au-deffus de fa fortune. Incapable d'eftre éblouï des grandeurs humaines, comme il y paroift fans oftentation, il y eft veû fans envie : & nous remarquons dans fa conduite ces trois caracteres de la véritable fageffe ; qu'élevé fans empreffement aux premiers honneurs, il a vécu auffi modefte que grand ; que dans fes importans emplois, foit qu'il nous paroiffe, comme Chancelier, chargé de la principale adminiftration de la Juftice, ou que nous le confidérions dans les autres occupations d'un long miniftere, fupérieur à fes intérefts, il n'a regardé que le bien public ; & qu'enfin dans une heureufe vieilleffe, preft à rendre avec fa grande ame le facré dépoft de l'autorité fi bien confié à ses soins, il a veû disparoistre toute sa grandeur avec sa vie, sans qu'il luy en ait cousté un seul soupir : tant il avoit mis en lieu haut & inaccessible à la mort son cœur et ses espérances. De sorte qu'il nous paroist, selon la promesse du Sage, dans *une gloire immortelle*, pour s'estre soumis aux loix de la véritable sagesse, & pour avoir fait céder à la modestie l'éclat ambitieux des grandeurs humaines, l'interest particulier à l'amour du bien public, & la vie mesme au desir des biens éternels : & c'est la gloire qu'a remportée Tres-Haut et Puissant Seigneur Messire Michel le Tellier, Chevalier, Chancelier de France.

Le grand Cardinal de Richelieu achevoit son glorieux ministere, & finissoit tout ensemble une vie pleine de merveilles. Sous sa ferme & prévoyante conduite, la puissance d'Austriche cessoit d'estre redoutée, & la France sortie enfin des guerres civiles commençoit à donner le branle aux affaires de l'Europe. On avoit une attention particuliere à celles d'Italie, & sans parler des autres raisons, Louis XIII. de glorieuse & triomphante mémoire devoit sa protection à la Duchesse de Savoye sa sœur & à ses enfans. Jules Mazarin dont le nom devoit estre si grand dans nostre histoire, employé par la Cour de Rome en diverses négotiations, s'estoit donné à la France ; & propre par son genie & par ses correspondances à ménager les esprits de sa nation, il avoit fait prendre un cours si heureux aux conseils du Cardinal de Richelieu, que ce Ministre se crut obligé de l'élever à la pourpre. Par-là il sembla montrer son successeur à la France ; & le Cardinal Mazarin s'avançoit secretement à la premiere place. En ces temps Michel le Tellier encore Maistre des Requestes, estoit Intendant de Justice en Piémont. Mazarin que ses négotiations attiroient souvent à Turin, fut ravi d'y trouver un homme d'une fi grande capacité & d'une conduite fi feure, dans les affaires : car les ordres de la Cour obligeoient l'Ambaſſadeur à concerter toutes choſes avec l'Intendant, à qui la divine Providence faiſoit faire ce léger apprentiſſage des affaires d'Eſtat. Il ne falloit qu'en ouvrir l'entrée à un genie fi perçant, pour l'introduire bien avant dans les ſecrets de la politique. Mais ſon eſprit modéré ne ſe perdoit pas dans ces vaſtes penſées ; & renfermé à l'éxemple de ſes peres dans les modeſtes emplois de la robe, il ne jettoit pas ſeulement les yeux ſur les engagemens éclatans, mais perilleux, de la Cour. Ce n'eſt pas qu'il ne paruſt toûjours ſupérieur à ſes emplois. Dés ſa premiere jeuneſſe tout cédoit aux lumieres de ſon eſprit auſſi pénétrant & auſſi net qu'il eſtoit grave & ſerieux. Pouſſé par ſes amis, il avoit paſſé du Grand Conſeil, ſage compagnie où ſa réputation vit encore, à l'importante charge de Procureur du Roy. Cette grande ville ſe ſouvient de l'avoir veû, quoy-que jeune, avec toutes les qualitez d'un grand magiſtrat, oppoſé non ſeulement aux brigues & aux partialitez qui corrompent l'intégrité de la Juſtice, & aux préventions qui en obſcurciſſent les lumieres, mais encore aux voyes irrégulieres & extraordinaires où elle perd avec ſa conſtance la véritable autorité de ſes jugemens. On y vit enfin tout l'eſprit & les maximes d'un juge, qui attaché à la regle ne porte pas ſes propres penſées, ni des adouciſſemens ou des rigueurs arbitraires dans le tribunal, & qui veut que les loix gouvernent & non pas les hommes. Telle eſt l'idée qu'il avoit de la magiſtrature. Il apporta ce meſme eſprit dans le Conſeil, où l'autorité du Prince, qu'on y éxerce avec un pouvoir plus abſolu, ſemble ouvrir un champ plus libre à la Juſtice ; & toûjours ſemblable à luy-meſme, il y ſuivit deſlors la meſme regle qu'il y a établie depuis, quand il en a efté le chef.

Et certainement, Messieurs, je puis dire avec confiance, que l'amour de la Juftice eftoit comme né avec ce grave Magiftrat, & qu'il croiffoit avec luy dés fon enfance. C'eft auffi de cette heureufe naiffance que fa modeftie fe fit un rempart contre les loûanges qu'on donnoit à fon intégrité; & l'amour qu'il avoit pour la Juftice ne luy parut pas mériter le nom de vertu, parce qu'il le portoit, difoit-il, en quelque maniere dans le fang. Mais Dieu qui l'avoit prédeftiné à eftre un exemple de Juftice dans un fi beau regne & dans la prémiere charge d'un fi grand royaume, luy avoit fait regarder le devoir de Juge où il eftoit appellé, comme le moyen particulier qu'il luy donnoit pour accomplir l'œuvre de fon falut. C'eftoit la fainte penfée qu'il avoit toûjours dans le cœur; c'eftoit la belle parole qu'il avoit toûjours à la bouche : & par-là il faifoit affez connoiftre combien il avoit pris le gouft véritable de la piété chreftienne. Saint Paul en a mis l'éxercice, non pas dans ces pratiques particulieres que chacun fe fait à fon gré, plus attaché à ces loix qu'à celles de Dieu ; mais à fe fanctifier dans' fon eftat, & *chacun dans les emplois de fa vocation. Unufquifque in qua vocatione vocatus eft.* Mais fi, felon la doctrine de ce grand Apoftre, on trouve la fainteté dans les emplois les plus bas, & qu'un efclave s'éleve à la perfection dans le fervice d'un maiftre mortel, pourveû qu'il y fçache regarder l'ordre de Dieu : à quelle perfection l'ame chreftienne ne peut-elle pas afpirer dans l'augufte & faint miniftere de la Juftice, puifque, felon l'Ecriture, *l'on y éxerce le jugement, non des hommes, mais du Seigneur mefme?* Ouvrez les yeux, Chrestiens; contemplez ces auguftes tribunaux où la Juftice rend fes oracles : vous y verrez avec David, *les Dieux de la terre, qui meurent à la vé-*

*rité comme des hommes*, mais qui cependant doivent juger comme des Dieux, fans crainte, fans paffion, fans intéreft; le Dieu des Dieux à leur tefte, comme le chante ce grand Roy d'un ton fi fublime dans ce divin pfeaume : *Dieu affifte*, dit-il, *à l'affemblée des Dieux, & au milieu il juge les Dieux.* O Juges, quelle majefté de vos féances! quel préfident de vos affemblées! Mais auffi quel cenfeur de vos jugemens! Sous ces yeux redoutables noftre fage Magiftrat écoutoit également le riche & le pauvre; d'autant plus pur & d'autant plus ferme dans l'adminiftration de la juftice, que fans porter fes regards fur les hautes places dont tout le monde le jugeoit digne, il mettoit fon élevation comme fon étude à fe rendre parfait dans fon eftat. Non, non, ne le croyez pas, que la juftice habite jamais dans les ames où l'ambition domine. Toute ame inquiete & ambitieufe eft incapable de regle. L'ambition a fait trouver ces dangereux expédiens, où femblable à un fepulcre blanchi, un juge artificieux ne garde que les apparences de la juftice. Ne parlons pas des corruptions qu'on a honte d'avoir à fe reprocher. Parlons de la lafcheté ou de la licence d'une juftice arbitraire, qui fans regle & fans maxime fe tourne au gré de l'ami puiffant. Parlons de la complaifance, qui ne veut jamais ni trouver le fil, ni arrefter le progrés d'une procedure malicieufe. Que diray-je du dangereux artifice qui fait prononcer à la Juftice, comme autrefois aux démons, des oracles ambigus & captieux? Que diray-je des difficultez qu'on fufcite dans l'éxécution, lors qu'on n'a pû refufer la juftice à un droit trop clair? *La loy eft déchirée*, comme difoit le Prophete, *& le jugement n'arrive jamais à fa perfection* : *Non pervenit ufque ad finem judicium.* Lors que le Juge veut s'agrandir, & qu'il change en une foupleffe de cour, le rigide &

inéxorable miniftere de la juftice, il fait naufrage contre ces écueïls. On ne voit dans fes jugemens qu'une juftice imparfaite; femblable, je ne craindray pas de le dire, à la juftice de Pilate : juftice qui fait femblant d'eftre vigoureufe, à caufe qu'elle réfifte aux tentations médiocres, & peut-eftre aux clameurs d'un peuple irrité; mais qui tombe & difparoift tout-à-coup, lors qu'on allegue, fans ordre mefme & mal à propos, le nom de Céfar. Que dis-je, le nom de Céfar ? Ces ames proftituées à l'ambition ne fe mettent pas à fi haut prix : tout ce qui parle, tout ce qui approche, ou les gagne, ou les intimide, & la juftice fe retire d'avec elles. Que fi elle s'eft conftruit un fanctuaire éternel & incorruptible dans le cœur du fage MICHEL LE TELLIER, c'eft que libre des empreffemens de l'ambition, il fe voit élevé aux plus grandes places, non par fes propres efforts, mais par la douce impulfion d'un vent favorable; ou plûtoft, comme l'événement l'a juftifié, par un choix particulier de la divine Providence. Le Cardinal de Richelieu eftoit mort, peu regretté de fon Maiftre qui craignit de luy devoir trop. Le gouvernement paffé fut odieux : ainfi de tous les Miniftres le Cardinal Mazarin plus néceffaire & plus important, fut le feul dont le credit fe foûtint; & le Secretaire d'Eftat chargé des ordres de la guerre, ou rebuté d'un traitement qui ne répondoit pas à fon attente, ou déceu par la douceur apparente du repos qu'il crut trouver dans la folitude, ou flatté d'une fecrette efpérance de fe voir plus avantageufement rappellé par la néceffité de fes fervices, ou agité de ces je ne fçay quelles inquiétudes dont les hommes ne fçavent pas fe rendre raifon à eux-mefmes, fe réfolut tout-à-coup à quitter cette grande charge. Le temps eftoit arrivé que noftre fage Miniftre devoit eftre montré à fon Prince & à fa patrie. Son mérite le fit chercher à Turin fans qu'il y penfaft. Le Cardinal Mazarin, plus heureux, comme vous verrez, de l'avoir trouvé, qu'il ne le conceût alors, rappella au Roy fes agréables fervices ; & le rapide moment d'une conjoncture imprévenë, loin de donner lieu à la follicitation, n'en laiffa pas mefme au defir. Louis XIII. rendit au Ciel fon ame jufte & pieufe ; & il parut que noftre Miniftre eftoit réfervé au Roy fon fils. Tel eftoit l'ordre de la Providence, & je voy icy quelque chofe de ce qu'on lit dans Ifaïe. La fentence partit d'enhaut, & il fut dit à Sobna chargé d'un miniftere principal : *Je t'ofteray de ton pofte, & je te dépoferay de ton miniftere : Expellam te de ftatione tua, & de minifterio tuo deponam te. En ce temps j'appelleray mon ferviteur Eliakim, & je le reveftiray de ta puiffance.* Mais un plus grand honneur luy eft deftiné : le temps viendra, que par l'adminiftration de la Juftice, *il fera le pere des habitans de Jerufalem & de la maifon de Juda : Erit pater habitantibus Jerufalem. La clef de la maifon de David*, c'eft à dire de la maifon regnante, *fera attachée à fes épaules : il ouvrira, & perfonne ne pourra fermer : il fermera, & perfonne ne pourra ouvrir* : il aura la fouveraine difpenfation de la juftice & des graces.

Parmi ces glorieux emplois noftre Miniftre a fait voir à toute la France, que fa modération durant quarante ans eftoit le fruit d'une fageffe confommée. Dans les fortunes médiocres, l'ambition encore tremblante fe tient fi cachée, qu'à peine fe connoift-elle elle-mefme. Lors qu'on fe voit tout d'un coup élevé aux places les plus importantes, & que je ne fçay quoy nous dit dans le cœur, qu'on mérite d'autant plus de fi grands honneurs, qu'ils font venus à nous comme d'eux-mefmes, on ne fe poffede plus; & fi vous me permettez de vous dire une penſée de Saint Chryſoſtome, c'eſt aux hommes vulgaires un trop grand effort, que celuy de ſe refuſer à cette éclatante beauté qui ſe donne à eux. Mais noſtre ſage Miniſtre ne s'y laiſſa pas emporter. Quel autre parut d'abord plus capable des grandes affaires ? Qui connoiſſoit mieux les hommes & les temps ? Qui prévoyoit de plus loin, & qui donnoit des moyens plus ſeurs pour éviter les inconveniens dont les grandes entrepriſes ſont environnées? Mais dans une ſi haute capacité & dans une ſi belle réputation, qui jamais a remarqué ou ſur ſon viſage un air dédaigneux, ou la moindre vanité dans ſes paroles? Toûjours libre dans la converſation, toûjours grave dans les affaires, & toûjours auſſi modéré que fort & inſinuant dans ſes diſcours, il prenoit ſur les eſprits un aſcendant que la ſeule raiſon luy donnoit. On voyoit & dans ſa maiſon & dans ſa conduite, avec des mœurs ſans reproche, tout également éloigné des extrémitez; tout enfin meſuré par la ſageſſe. S'il ſceut ſoûtenir le poids des affaires, il ſceut auſſi les quitter, & reprendre ſon premier repos. Pouſſé par la cabale, Chaville le vit tranquille pendant pluſieurs mois, au milieu de l'agitation de toute la France. La Cour le rappelle en vain : il perſiſte dans ſa paiſible retraite, tant que l'eſtat des affaires le put ſouffrir, encore qu'il n'ignoraſt pas ce qu'on machinoit contre luy durant ſon abſence; & il ne parut pas moins grand en demeurant ſans action, qu'il l'avoit paru en ſe ſoûtenant au milieu des mouvemens les plus hazardeux. Mais dans le plus grand calme de l'Eſtat, auſſitoſt qu'il luy fut permis de ſe repoſer des occupations de ſa charge ſur un fils qu'il n'euſt jamais donné au Roy, s'il ne l'euſt ſenti capable de le bien ſervir : aprés qu'il eût reconnu que le nouveau Secretaire d'Eſtat ſçavoit avec une ferme & continuelle action ſuivre les deſſeins &

exécuter les ordres d'un maiftre fi entendu dans l'art de la guerre : ni la hauteur des entreprifes ne furpaffoit fa capacité, ni les foins infinis de l'exécution n'eftoient au deffus de fa vigilance; tout eftoit preft aux lieux deftinez; l'Ennemi également menacé dans toutes fes places; les troupes auffi vigoureufes que difciplinées n'attendoient que les derniers ordres du grand Capitaine, & l'ardeur que fes yeux infpirent; tout tombe fous fes coups, & il fe voit l'arbitre du monde : alors le zélé Miniftre dans une entiere vigueur d'efprit & de corps, crut qu'il pouvoit fe permettre une vie plus douce. L'épreuve en eft hazardeufe pour un homme d'Eftat; & la retraite prefque toûjours a trompé ceux qu'elle flattoit de l'efpérance du repos. Celuy-cy fut d'un caractere plus ferme. Les Confeils où il affiftoit luy laiffoient prefque tout fon temps; & aprés cette grande foule d'hommes & d'affaires qui l'environnoit, il s'eftoit luy-mefme réduit à une efpece d'oifiveté & de folitude : mais il la fceût foûtenir. Les heures qu'il avoit libres furent remplies de bonnes lectures, & ce qui paffe toutes les lectures, de férieufes réfléxions fur les erreurs de la vie humaine, & fur les vains travaux des politiques, dont il avoit tant d'experience. L'Eternité fe préfentoit à fes yeux, comme le digne objet du cœur de l'homme. Parmi ces fages penfées, & renfermé dans un doux commerce avec fes amis auffi modeftes que luy, car il fçavoit les choifir de ce caractere, & il leur apprenoit à le conferver dans les emplois les plus importans & de la plus haute confiance, il gouftoit un véritable repos dans la maifon de fes peres, qu'il avoit accommodée peu à peu à fa fortune préfente, fans luy faire perdre les traces de l'ancienne fimplicité, joüiffant en fujet fidelle des profpéritez de l'Eftat & de la gloire de fon Maiftre. La charge de Chancelier vaqua, &

la France la deſtinoit à un Miniſtre ſi zélé pour la juſtice. Mais, comme dit le Sage : *Autant que le ciel s'éleve, & que la terre s'incline au deſſous, autant le cœur des Rois eſt impénétrable.* Enfin le moment du Prince n'eſtoit pas encore arrivé; & le tranquille Miniſtre qui connoiſſoit les dangereuſes jalouſies des Cours, & les ſages temperamens des conſeils des Rois, ſceût encore lever les yeux vers la divine Providence, dont les decrets éternels reglent tous ces mouvemens. Lors qu'aprés de longues années il ſe vit élevé à cette grande charge, encore qu'elle receût un nouvel éclat en ſa perſonne où elle eſtoit jointe à la confiance du Prince; ſans s'en laiſſer ébloûïr, le modeſte Miniſtre diſoit ſeulement que le Roy, pour couronner plûtoſt la longueur que l'utilité de ſes ſervices, vouloit donner un titre à ſon tombeau, & un ornement à ſa famille. Tout le reſte de ſa conduite répondit à de ſi beaux commencemens. Noſtre ſiecle qui n'avoit point veû de Chancelier ſi autoriſé, vit en celuy-cy autant de modération & de douceur que de dignité & de force : pendant qu'il ne ceſſoit de ſe regarder comme devant bientoſt rendre compte à Dieu d'une ſi grande adminiſtration. Ses fréquentes maladies le mirent ſouvent aux priſes avec la mort : éxercé par tant de combats, il en ſortoit toûjours plus fort & plus réſigné à la volonté divine. La penſée de la mort ne rendit pas ſa vieilleſſe moins tranquille ni moins agréable. Dans la meſme vivacité on luy vit faire ſeulement de plus graves réfléxions ſur la caducité de ſon âge, & ſur le deſordre extréme que cauſeroit dans l'Eſtat une ſi grande autorité dans des mains trop foibles. Ce qu'il avoit veû arriver à tant de ſages vieillards qui ſembloient n'eſtre plus rien que leur ombre propre, le rendoit continuellement attentif à luy-meſme. Souvent il ſe diſoit en ſon cœur, que le plus malheureux effet de cette foibleffe de l'âge, eftoit de fe cacher à fes propres yeux; de forte que tout-à-coup on fe trouve plongé dans l'abifme, fans avoir pû remarquer le fatal moment d'un infenfible déclin : & il conjuroit fes enfans par toute la tendreffe qu'il avoit pour eux, & par toute leur reconnoiffance, qui faifoit fa confolation dans ce court refte de vie, de l'avertir de bonne heure, quand ils verroient fa memoire vaciller ou fon jugement s'affoiblir, afin que par un refte de force il puft garantir le public & fa propre confcience des maux dont les menaçoit l'infirmité de fon âge. Et lors mefme qu'il fentoit fon efprit entier, il prononçoit la mefme fentence, fi le corps abbatu n'y répondoit pas : car c'eft la réfolution qu'il avoit prife dans fa derniere maladie : & plûtoft que de voir languir les affaires avec luy, fi fes forces ne luy revenoient, il fe condamnoit, en rendant les Sceaux, à rentrer dans la vie privée, dont auffi jamais il n'avoit perdu le gouft; au hazard de s'enfevelir tout vivant, & de vivre peut-eftre affez, pour fe voir long-temps traverfé par la dignité qu'il auroit quittée : Tant il eftoit au deffus de fa propre élevation & de toutes les grandeurs humaines !

Mais ce qui rend fa modération plus digne de nos loûanges, c'eft la force de fon génie né pour l'action, & la vigueur qui durant cinq ans luy fit dévoûer fa tefte aux fureurs civiles. Si aujourd'huy je me voy contraint de retracer l'image de nos malheurs, je n'en feray point d'excufe à mon auditoire, où de quelque cofté que je me tourne, tout ce qui frappe mes yeux, me montre une fidélité irréprochable, ou peut-eftre une courte erreur réparée par de longs fervices. Dans ces fatales conjonctures, il falloit à un Miniftre eftranger un homme d'un ferme génie & d'une égale feûreté, qui nourri dans les compagnies, connuft les ordres du Royaume

& l'esprit de la Nation. Pendant que la magnanime & intrépide Régente estoit obligée à montrer le Roy enfant aux Provinces, pour dissiper les troubles qu'on y excitoit de toutes parts : Paris & le cœur du Royaume demandoient un homme capable de profiter des momens sans attendre de nouveaux ordres, & sans troubler le concert de l'Estat. Mais le Ministre luy-mesme souvent éloigné de la Cour, au milieu de tant de conseils, que l'obscurité des affaires, l'incertitude des événemens, & les différens interests faisoient hazarder, n'avoit-il pas besoin d'un homme que la Régente pust croire ? Enfin il falloit un homme, qui pour ne pas irriter la haine puplique déclarée contre le ministere, sceust se conserver de la créance dans tous les partis, & ménager les restes de l'autorité. Cét homme si nécessaire au jeune Roy, à la Régente, à l'Estat, au Ministre, aux cabales mesmes, pour ne les précipiter pas aux dernieres extrémitez par le désespoir : vous me prévenez, MESSIEURS, c'est celuy dont nous parlons. C'est donc icy, qu'il parut comme un génie principal. Alors nous le vismes s'oublier luy-mesme, & comme un sage pilote, sans s'étonner ni des vagues, ni des orages, ni de son propre péril, aller droit comme au terme unique d'une si perilleuse navigation, à la conservation du corps de l'Estat, & au rétablissement de l'autorité Royale. Pendant que la Cour réduisoit Bordeaux, & que GASTON laissé à Paris pour le maintenir dans le devoir, estoit environné de mauvais conseils; LE TELLIER fut le Chusaï qui les confondit, & qui asseûra la victoire à l'OINT DU SEIGNEUR. Fallut-il éventer les Conseils d'Espagne, & découvrir le secret d'une paix trompeuse que l'on proposoit afin d'exciter la sédition pour peu qu'on l'eust différée ? LE TELLIER en fit d'abord accepter les offres : nostre Plenipotentiaire partit; & l'Archiduc forcé d'avoûër qu'il n'avoit pas de pouvoir, fit connoiftre luy-mefme au peuple émeû, fi toutefois un peuple émeû connoift quelque chofe, qu'on ne faifoit qu'abufer de fa crédulité. Mais s'il y eut jamais une conjonéture où il fallut montrer de la prévoyance & un courage intrepide, ce fut lors qu'il s'agit d'affeûrer la garde des trois illuftres captifs. Quelle caufe les fit arrefter : fi ce fut ou des foupçons ou des véritez, ou de vaines terreurs ou de vrais périls, & dans un pas fi gliffant des précautions néceffaires : qui le pourra dire à la poftérité? Quoy qu'il en foit, l'Oncle du Roy eft perfuadé : on croit pouvoir s'affeûrer des autres Princes, & on en fait des coupables en les traitant comme tels. Mais où garder des lions toûjours prefts à rompre leurs chaifnes ; pendant que chacun s'efforce de les avoir en fa main, pour les retenir ou les lafcher au gré de fon ambition ou de fes vengeances? GASTON que la Cour avoit attiré dans fes fentimens, eftoit-il inacceffible aux faétieux? Ne voy-je pas au contraire autour de luy des ames hautaines, qui pour faire fervir les Princes à leurs intérefts cachez, ne ceffoient de luy infpirer qu'il devoit s'en rendre le maiftre ? De quelle importance, de quel éclat, de quelle réputation au dedans & au dehors d'eftre le maiftre du fort du PRINCE DE CONDÉ? Ne craignons point de le nommer, puis qu'enfin tout eft furmonté par la gloire de fon grand nom & de fes aétions immortelles. L'avoir entre fes mains, c'eftoit y avoir la viétoire mefme qui le fuit éternellement dans les combats. Mais il eftoit jufte que ce précieux dépoft de l'Eftat demeuraft entre les mains du Roy, & il luy appartenoit de garder une fi noble partie de fon fang. Pendant donc que noftre Miniftre travailloit à ce glorieux ouvrage où il y alloit de la Royauté & du falut de l'Eftat, il fut feul en bute aux faétieux. Luy feul, difoient-ils, fçavoit dire & taire ce qu'il falloit. Seul il fçavoit épancher & retenir fon difcours : impénétrable, il pénétroit tout ; & pendant qu'il tiroit le fecret des cœurs, il ne difoit, maiftre de luymefme, que ce qu'il vouloit. Il perçoit dans tous les fecrets, démefloit toutes les intrigues, découvroit les entreprifes les plus cachées & les plus fourdes machinations. C'eftoit ce fage dont il eft écrit : *Les confeils fe recelent dans le cœur de l'homme à la maniere d'un profond abifme, fous une eau dormante : mais l'homme fage les épuife ;* il en découvre le fond : *Sicut aqua profunda, fic confilium in corde viri : vir fapiens exhauriet illud.* Luy feul réüniffoit les gens de bien, rompoit les liaifons des factieux, en déconcertoit les deffeins, & alloit recueïllir dans les égarez ce qu'il y reftoit quelquefois de bonnes intentions. GASTON ne croyoit que luy ; & luy feul fçavoit profiter des heureux momens, & des bonnes difpofitions d'un fi grand Prince. *Venez, venez, faifons contre luy de fecrettes menées : Venite, cogitemus adverfus eum cogitationes.* Uniffons-nous pour le décréditer ; tous enfemble *frapons-le de noftre langue, & ne foufrons plus qu'on écoute tous fes beaux difcours : Percutiamus eum linguâ, neque attendamus univerfos fermones ejus.* Mais on faifoit contre luy de plus funeftes complots. Combien receût-il d'avis fecrets, que fa vie n'eftoit pas en feûreté ! Et il connoiffoit dans le parti, de ces fiers courages dont la force malheureufe & l'efprit extréme ofe tout, & fçait trouver des éxécuteurs. Mais fa vie ne luy fut pas précieufe, pourveû qu'il fuft fidelle à fon miniftere. Pouvoit-il faire à Dieu un plus beau facrifice, que de luy offrir une ame pure de l'iniquité de fon fiecle, & dévoûée à fon Prince & à fa patrie. JESUS nous en a montré l'exemple ; les Juifs mefmes le reconnoiffoient pour un fi bon citoyen, qu'ils crurent ne pouvoir donner auprés de luy une meilleure recommendation à ce Centenier, qu'en difant à noftre Sauveur : *Il aime noftre nation.* Jérémie a-t-il plus verfé de larmes que luy fur les ruines de fa patrie ? Que n'a pas fait ce Sauveur miféricordieux pour prévenir les malheurs de fes citoyens ? Fidelle au Prince comme à fon païs, il n'a pas craint d'irriter l'envie des Pharifiens en défendant les droits de Céfar : & lors qu'il eft mort pour nous fur le Calvaire, victime de l'univers, il a voulu que le plus chéri de fes Evangeliftes ramarquaft, qu'il mourroit fpecialement *pour fa nation : quia moriturus erat progente.* Si noftre zélé Miniftre, touché de ces véritez, expofa fa vie, craindroit-il de hazarder fa fortune? Ne fçait-on pas qu'il falloit fouvent s'oppofer aux inclinations du Cardinal fon bienfaicteur ? Deux fois, en grand politique, ce judicieux favori fceût céder au temps, & s'éloigner de la Cour. Mais il le faut dire : toûjours il y vouloit revenir trop toft. Le Tellier s'oppofoit à fes impatiences jufqu'à fe rendre fufpect; & fans craindre ni fes envieux, ni les défiances d'un Miniftre également foupçonneux & ennuyé de fon eftat, il alloit d'un pas intrépide où la raifon d'Eftat le déterminoit. Il fçeût fuivre ce qu'il confeilloit. Quand l'éloignement de ce grand Miniftre euft attiré celuy de fes confidens : fupérieur par cét endroit au Miniftre mefme, dont il admiroit d'ailleurs les profonds confeils, nous l'avons veû retiré dans fa maifon, où il conferva fa tranquillité parmi les incertitudes des émotions populaires & d'une Cour agitée ; & réfigné à la Providence, il vit fans inquiétude fremir alentour les flots irritez. Et parce qu'il fouhaitoit le rétabliffement du Miniftre, comme un fouftien néceffaire de la réputation & de l'autorité de la Régence, & non pas, comme plufieurs autres, pour fon intéreft, que le pofte qu'il occupoit luy donnoit affez de moyens de ménager d'ailleurs :

aucun mauvais traitement ne le rebutoit. Un beaufrere facrifié malgré fes fervices, luy montroit ce qu'il pouvoit craindre. Il fçavoit, crime irrémiffible dans les Cours, qu'on écoutoit des propofitions contre luymefme, & peut-eftre que fa place euft efté donnée, fi on euft pû la remplir d'un homme auffi feûr. Mais il n'en tenoit pas moins la balance droite. Les uns donnoient au Miniftre des efpérances trompeufes; les autres luy infpiroient de vaines terreurs, & en s'empreffant beaucoup, ils faifoient les zélez & les importans. Le Tellier luy montroit la vérité, quoy-que fouvent importune; & induftrieux à fe cacher dans les actions éclatantes, il en renvoyoit la gloire au Miniftre, fans craindre dans le mefme temps de fe charger des refus que l'intéreft de l'Eftat rendoit néceffaires. Et c'eft de-là qu'il eft arrivé, qu'en méprifant par raifon la haine de ceux dont il luy falloit combatre les prétentions, il en aqueroit l'eftime, & fouvent mefme l'amitié & la confiance. L'Hiftoire en racontera de fameux éxemples : je n'ay pas befoin de les rapporter; & content de remarquer des actions de vertu dont les fages auditeurs puiffent profiter, ma voix n'eft pas deftinée à fatisfaire les politiques ni les curieux. Mais puis-je oublier celuy que je voy par tout dans le recit de nos malheurs? Cét homme fi fidelle aux particuliers, fi redoutable à l'Eftat, d'un caractere fi haut qu'on ne pouvoit ni l'eftimer, ni le craindre, ni l'aimer, ni le haïr à demi; ferme génie, que nous avons veû en ébranlant l'univers s'attirer une dignité qu'à la fin il voulut quitter comme trop cherement achetée, ainfi qu'il eût le courage de le reconnoiftre dans le lieu le plus éminent de la Chreftienté, & enfin comme peu capable de contenter fes defirs : tant il connut fon erreur, & le vuide des grandeurs humaines. Mais pendant qu'il vouloit aquerir ce qu'il

devoit un jour méprifer, il remua tout par de fecrets &
puiffans refforts; & aprés que tous les partis furent
abbatus, il fembla encore fe foûtenir feul, & feul encore
menacer le favori victorieux, de fes trifles & intrépides
regards. La Religion s'intéreffe dans fes infortunes ; la
Ville Royale s'émeut; & Rome mefme menace. Quoy
donc, n'eft-pas affez que nous foyons attaquez au
dedans & au dehors par toutes les puiffances temporelles? Faut-il que la Religion fe mefle de nos malheurs, & qu'elle femble nous oppofer de prés & de loin
une autorité facrée? Mais par les foins du fage MICHEL
LE TELLIER, Rome n'eût point à reprocher au Cardinal
Mazarin d'avoir terni l'éclat de la pourpre dont il eftoit
reveftu : les affaires Ecclefiaftiques prirent une forme
réglée : ainfi le calme fut rendu à l'Eftat : on revoit dans
fa premiere vigueur l'autorité affoiblie : Paris & tout
le Royaume avec un fidelle & admirable empreffement
reconnoift fon Roy gardé par la Providence, & réfervé
à fes grands ouvrages : le zele des compagnies, que de
trifles expériences avoient éclairées, eft inébranlable :
les pertes de l'Eftat font réparées : le Cardinal fait la
paix avec avantage : au plus haut point de fa gloire, fa
joye eft troublée par la trifte apparition de la mort :
intrépide, il domine jufqu'entre fes bras & au milieu
de fon ombre : il femble qu'il ait entrepris de montrer
à toute l'Europe, que fa faveur attaquée par tant
d'endroits, eft fi hautement rétablie, que tout devient
foible contre elle, jufqu'à une mort prochaine & lente.
Il meurt avec cette trifte confolation; & nous voyons
commencer ces belles années, dont on ne peut affez
admirer le cours glorieux. Cependant la grande & pieufe
ANNE D'AUSTRICHE rendoit un perpetuel témoignage à
l'inviolable fidélité de noftre Miniftre, où parmi tant de
divers mouvemens elle n'avoit jamais remarqué un pas

douteux. Le Roy qui dés fon enfance l'avoit veû toûjours attentif au bien de l'Eftat, & tendrement attaché à fa perfonne facrée, prenoit confiance en fes confeils; & le Miniftre confervoit fa modération, foigneux fur tout de cacher l'important fervice qu'il rendoit continuellement à l'Eftat, en faifant connoiftre les hommes capables de remplir les grandes places, & en leur rendant à propos des offices qu'ils ne fçavoient pas. Car que peut faire de plus utile un zélé Miniftre, puis que le Prince, quelque grand qu'il foit, ne connoift fa force qu'à demi, s'il ne connoift les grands hommes que la Providence fait naiftre en fon temps pour le feconder ? Ne parlons pas des vivans, dont les vertus non plus que les loûanges ne font jamais feûres dans le variable eftat de cette vie. Mais je veux icy nommer par honneur le fage, le docte & le pieux LAMOIGNON, que noftre Miniftre propofoit toujours comme digne de prononcer les oracles de la juftice dans le plus majeftueux de fes tribunaux. La Juftice leur commune amie les avoit unis : & maintenant ces deux ames pieufes, touchées fur la terre du mefme defir de faire regner les loix, contemplent enfemble à découvert les loix éternelles d'où les noftres font dérivées ; & fi quelque légere trace de nos foibles diftinctions paroift encore dans une fi fimple & fi claire vifion, elles adorent Dieu en qualité de Juftice & de Regle.

*Ecce in juftitia regnabit Rex, & Principes in judicio præerunt : Le Roy regnera felon la juftice, & les juges préfideront en jugement.* La juftice paffe du Prince dans les magiftrats, & du trône elle fe répand fur les tribunaux. C'eft dans le regne d'Ezechias le modele de nos jours. Un Prince zélé pour la juftice nomme un principal & univerfel Magiftrat capable de contenter fes defirs. L'infatigable Miniftre ouvre des yeux attentifs fur tous les tribunaux : animé des ordres du Prince, il y établit la regle, la difcipline, le concert, l'efprit de juftice. Il fçait que fi la prudence du fouverain Magiftrat eft obligée quelquefois dans les cas extraordinaires de fuppléer à la prévoyance des loix, c'eft toûjours en prenant leur efprit ; & enfin qu'on ne doit fortir de la regle, qu'en fuivant un fil qui tienne, pour ainfi dire, à la regle mefme. Confulté de toutes parts, il donne des réponfes courtes, mais décifives, auffi pleines de fageffe que de dignité ; & le langage des loix eft dans fon difcours. Par toute l'étenduë du Royaume chacun peut faire fes plaintes, affeûré de la protection du Prince ; & la Juftice ne fut jamais ni fi éclairée ni fi fecourable. Vous voyez comme ce fage Magiftrat modere tout le corps de la Juftice. Voulez-vous voir ce qu'il fait dans la fphere où il eft attaché, & qu'il doit mouvoir par luy-mefme ? Combien de fois s'eft-on plaint, que les affaires n'avoient ni de regle ni de fin ; que la force des chofes jugées n'eftoit prefque plus connuë ; que la compagnie où l'on renverfoit avec tant de facilité les jugemens de toutes les autres, ne refpectoit pas davantage les fiens ; enfin, que le nom du Prince eftoit employé à rendre tout incertain, & que fouvent l'iniquité fortoit du lieu d'où elle devoit eftre foudroyée ? Sous le fage MICHEL LE TELLIER le Confeil fit fa véritable fonction ; & l'autorité de fes arrefts, femblable à un jufte contrepoids, tenoit par tout le Royaume la balance égale. Les Juges que leurs coups hardis & leurs artifices faifoient redouter, furent fans credit : leur nom ne fervit qu'à rendre la Juftice plus attentive. Au Confeil comme au Sceau, la multitude, la variété, la difficulté des affaires n'étonnerent jamais ce grand Magiftrat : il n'y avoit rien de plus difficile, ni auffi de plus hazardeux, que de le furprendre ; & dés le commencement de fon miniftere, cette irrévocable fentence fortit de fa bouche, que le crime de le tromper feroit le moins pardonnable. De quelque belle apparence que l'iniquité fe couvrift, il en pénétroit les détours ; & d'abord il fçavoit connoiftre, mefme fous les fleurs, la marche tortueufe de ce ferpent. Sans chaftiment, fans rigueur, il couvroit l'injuftice de confufion, en luy faifant feulement fentir qu'il la connoiffoit ; & l'exemple de fon infléxible régularité fut l'inévitable cenfure de tous les mauvais deffeins. Ce fut donc par cét éxemple admirable, plus encore que par fes difcours & par fes ordres, qu'il établit dans le Confeil une pureté & un zele de la juftice, qui attire la vénération des peuples, affeûre la fortune des particuliers, affermit l'ordre public, & fait la gloire de ce regne. Sa juftice n'eftoit pas moins prompte qu'elle eftoit éxacte. Sans qu'il falluft le preffer, les gemiffemens des malheureux plaideurs qu'il croyoit entendre nuit & jour, eftoient pour luy une perpetuelle & vive follicitation. Ne dites pas à ce zélé Magiftrat, qu'il travaille plus que fon grand âge ne le peut fouffrir : vous irriterez le plus patient de tous les hommes. Eft-on, difoit-il, dans les places pour fe repofer & pour vivre? ne doit-on pas fa vie à Dieu, au Prince & à l'Eftat ? Sacrez autels, vous m'eftes témoins, que ce n'eft pas aujourd'huy par ces artificieufes fictions de l'éloquence, que je luy mets en la bouche ces fortes paroles ! fçache la poftérité, fi le nom d'un fi grand Miniftre fait aller mon difcours jufqu'à elle, que j'ay moy-mefme fouvent entendu ces faintes réponfes. Aprés de grandes maladies caufées par de grands travaux, on voyoit revivre cét ardent defir de reprendre fes éxercices ordinaires au hazard de retomber dans les mefmes maux ; & tout fenfible qu'il eftoit aux tendreffes de fa famille, il l'accouftumoit à ces courageux fentimens. C'eft, comme nous l'avons dit, qu'il faifoit confifter avec fon falut le fervice particulier qu'il devoit à Dieu dans une fainte adminiftration de la juftice. Il en faifoit fon culte perpetuel, fon facrifice du matin & du foir, felon cette parole du Sage : *La juftice vaut mieux devant Dieu, que de luy offrir des victimes.* Car quelle plus fainte hoftie, quel encens plus doux, quelle priere plus agréable, que de faire entrer devant foy la caufe de la veuve, que d'effuyer les larmes du pauvre oppreffé, & de faire taire l'iniquité par toute la terre ? Combien le pieux Miniftre eftoit touché de ces véritez, fes paifibles audiances le faifoient paroiftre. Dans les audiances vulgaires l'un toûjours précipité vous trouble l'efprit ; l'autre avec un vifage inquiet, & des regards incertains, vous ferme le cœur : celuy-là fe prefente à vous par couftume ou par bienféance, & il laiffe vaguer fes penfées fans que vos difcours arreftent fon efprit diftrait ; celuy-cy plus cruel encore, a les oreilles bouchées par fes préventions, & incapable de donner entrée aux raifons des autres il n'écoute que ce qu'il a dans fon cœur. A la facile audiance de ce fage Magiftrat, & par la tranquillité de fon favorable vifage, une ame agitée fe calmoit. C'eft-là qu'on trouvoit *ces douces réponfes qui appaifent la colere,* & *ces paroles qu'on préfere aux dons : Verbum meliùs quàm datum.* Il connoiffoit les deux vifages de la Juftice : l'un facile dans le premier abord ; l'autre févere & impitoyable quand il faut conclure. Là elle veut plaire aux hommes, & également contenter les deux partis : icy elle ne craint, ni d'offenfer le puiffant, ni d'affliger le pauvre & le foible. Ce charitable Magiftrat eftoit ravi d'avoir à commencer par la douceur ; & dans toute l'adminiftration de la juftice il nous paroiffoit un homme que fa nature avoit fait

bienfaifant, & que la raifon rendoit infléxible. C'eft par
où il avoit gagné les cœurs. Tout le Royaume faifoit
des vœux pour la prolongation de fes jours : on fe re-
pofoit fur fa prévoyance : fes longues expériences
eftoient pour l'Eftat un trefor inépuifable de fages
confeils ; & fa juftice, fa prudence, la facilité qu'il ap-
portoit aux affaires, luy méritoient la vénération &
l'amour de tous les peuples. O Seigneur, vous avez
fait, comme dit le Sage, *l'œil qui regarde, & l'oreille
qui écoute!* Vous donc qui donnez aux Juges ces regards
benins, ces oreilles attentives, & ce cœur toûjours
ouvert à la vérité, écoutez-nous pour celuy qui écoutoit tout le monde. Et vous, doctes interpretes des loix,
fidelles dépofitaires de leurs fecrets, & implacables
vengeurs de leur fainteté méprifée, fuivez ce grand
éxemple de nos jours. Tout l'univers a les yeux fur
vous : affranchis des interefts & des paffions, fans yeux
comme fans mains, vous marchez fur la terre femblables aux efprits céleftes : ou plûtoft images de Dieu,
vous en imitez l'indépendance ; comme luy vous n'avez
befoin ni des hommes ni de leurs prefens ; comme luy
vous faites juftice à la veuve & au pupille ; l'étranger
n'implore pas en vain voftre fecours ; & affeûrez que vous
éxercez la puiffance du Juge de l'univers, vous n'épar-
gnez perfonne dans vos jugemens. Puiffe-t-il avec fes
lumieres & avec fon efprit de force vous donner cette
patience, cette attention, & cette docilité toûjours
acceffible à la raifon que Salomon luy demandoit pour
juger fon peuple.

Mais ce que cette chaire, ce que ces autels, ce que
l'Evangile que j'annonce, & l'éxemple du grand Miniftre dont je célebre les vertus, m'oblige à recom-
mander plus que toutes chofes, c'eft les droits facrez
de l'Eglife. L'Eglife ramaffe enfemble tous les titres

par où l'on peut efpérer le fecours de la juftice. La juftice doit une affiftance particuliere aux foibles, aux orfelins, aux époufes delaiffées, & aux étrangers. Qu'elle eft forte cette Eglife, & que redoutable eft le glaive que le Fils de Dieu luy a mis dans la main ! Mais c'eft un glaive fpirituel, dont les fuperbes & les incrédules ne reffentent pas le *double tranchant*. Elle eft fille du Tout-puiffant : mais fon Pere qui la foûtient au dedans, l'abandonne fouvent aux perfécuteurs ; & à l'éxemple de Jesus-Christ, elle eft obligée de crier dans fon agonie : *Mon Dieu, mon Dieu, pourquoy m'avez-vous délaiffée ?* Son Epoux eft le plus puiffant comme le plus beau & le plus parfait de tous les enfans des hommes ; mais elle n'a entendu fa voix agreable, elle n'a joûï de fa douce & defirable préfence qu'un moment : tout d'un coup il a pris la fuite avec une courfe rapide, *& plus vifte qu'un faon de biche il s'eft élevé au deffus des plus hautes montagnes*. Semblable à une époufe défolée, l'Eglife ne fait que gémir, & le chant de la tourterelle délaiffée eft dans fa bouche. Enfin elle eft étrangere & comme errante fur la terre, où elle vient recueïllir les enfans de Dieu fous fes aifles ; & le monde qui s'efforce de les luy ravir, ne ceffe de traverfer fon pélerinage. Mere affligée, elle a fouvent à fe plaindre de fes enfans qui l'oppriment : on ne ceffe d'entreprendre fur fes droits facrez : fa puiffance célefte eft affoiblie, pour ne pas dire tout-à-fait éteinte. On fe venge fur elle de quelques-uns de fes miniftres trop hardis ufurpateurs des droits temporels : à fon tour la puiffance temporelle a femblé vouloir tenir l'Eglife captive, & fe récompenfer de fes pertes fur Jesus-Christ mefme : les tribunaux féculiers ne retentiffent que des affaires ecclefiaftiques : on ne fonge pas au don particulier qu'a receû l'Ordre Apoftolique pour les décider ; don célefte que nous ne recevons qu'une fois *par l'impofition des mains;* mais que Saint Paul nous ordonne de ranimer, de renouveller, & de rallumer fans ceffe en nous-mefmes comme un feu divin, afin que la vertu en foit immortelle dans l'Ordre facré. Ce don nous eft-il feulement accordé pour annoncer la fainte parole, ou pour fanctifier les ames par les Sacremens? N'eft-ce pas auffi pour policer les Eglifes, pour y établir la difcipline, pour appliquer les Canons infpirez de Dieu à nos faints prédéceffeurs, & accomplir tous les devoirs du miniftere ecclefiaftique? Autrefois & les Canons & les Loix, & les Evefques & les Empereurs concouroient enfemble à empefcher les miniftres des autels de paroiftre, pour les affaires mefme temporelles, devant les juges de la terre : on vouloit avoir des interceffeurs purs du commerce des hommes, & on craignoit de les rengager dans le fiecle d'où ils avoient été féparez pour eftre le partage du Seigneur. Maintenant c'eft pour les affaires ecclefiaftiques, qu'on les y voit entraifnez : tant le fiecle a prévalu, tant l'Eglife eft foible & impuiffante! Il eft vray que l'on commence à l'écouter : l'augufte Confeil & le premier Parlement donnent du fecours à fon autorité bleffée : les fources du droit font révélées : les faintes maximes revivent. Un Roy zélé pour l'Eglife, & toûjours preft à luy rendre davantage qu'on ne l'accufe de luy ofter, opere ce changement heureux : fon fage & intelligent Chancelier feconde fes defirs : fous la conduite de ce Miniftre nous avons comme un nouveau code favorable à l'Epifcopat; & nous vanterons deformais à l'éxemple de nos peres les Loix unies aux Canons. Quand ce fage Magiftrat renvoie les affaires ecclefiaftiques aux tribunaux féculiers, fes doctes Arrefts leur marquent la voye qu'ils doivent tenir, & le remede qu'il pourra donner à leurs entreprifes. Ainfi la fainte

clôture protectrice de l'humilité & de l'innocence eft
établie : ainfi la puiffance féculiere ne donne plus ce
qu'elle n'a pas ; & la fainte fubordination des puiffances
ecclefiaftiques, image des céleftes hierarchies & lien de
noftre unité, eft confervée : ainfi la clericature joûït
par tout le Royaume de fon privilege : ainfi fur le facrifice des vœux & fur *ce grand Sacrement de* l'indiffo-
luble *union de* Jesus-Christ *avec fon Eglife,* les opinions
font plus faines dans le barreau éclairé, & parmi les
magiftrats intelligens, que dans les livres de quelques
auteurs qui fe difent ecclefiaftiques & theologiens. Un
grand Prélat a part à ces grands ouvrages : habile
autant qu'agréable interceffeur auprés d'un Pere porté
par luy-mefme à favorifer l'Eglife, il fçait ce qu'il faut
attendre de la piété éclairée d'un grand Miniftre, & il
repréfente les droits de Dieu fans bleffer ceux de Céfar.
Aprés ces commencemens, ne pourrons-nous pas enfin
efpérer que les jaloux de la France n'auront pas éternellement à luy reprocher les Libertez de l'Eglife
toûjours employées contre elle-mefme? Ame pieufe du
fage Michel le Tellier, aprés avoir avancé ce grand
ouvrage, recevez devant ces autels ce témoignage fincere
de voftre Foy & de noftre reconnoiffance, de la bouche
d'un Evefque trop toft obligé à changer en facrifices
pour voftre repos, ceux qu'il offroit pour une vie fi
précieufe. Et vous, faints Evefques, interpretes du ciel,
juges de la terre, Apoftres, Docteurs, & ferviteurs des
Eglifes; vous qui fanctifiez cette affemblée par voftre
préfence, & vous qui difperfez par tout l'univers en-
tendrez le bruit d'un miniftere fi favorable à l'Eglife :
offrez à jamais de faints facrifices pour cette ame
pieufe. Ainfi puiffe la difcipline ecclefiaftique eftre
entierement rétablie ; ainfi puiffe eftre renduë la majefté
à vos tribunaux, l'autorité à vos jugemens, la gravité

& le poids à vos cenfures : puiffiez-vous fouvent affemblez au nom de Jesus-Christ l'avoir au milieu de vous, & revoir la beauté des anciens jours. Qu'il me foit permis du moins de faire des vœux devant ces autels ; de foupirer aprés les antiquitez devant une compagnie fi éclairée, & d'annoncer la fageffe entre les parfaits ! Mais, Seigneur, que ce ne foit pas feulement des vœux inutiles ! Que ne pouvons-nous obtenir de voftre bonté, fi comme nos prédéceffeurs nous faifons nos chaftes délices de voftre Ecriture, noftre principal éxercice de la prédication de voftre parole, & noftre félicité de la fanctification de voftre peuple ; fi attachez à nos troupeaux par un faint amour, nous craignons d'en eftre arrachez ; fi nous fommes foigneux de former des Preftres que Louis puiffe choifir pour remplir nos chaires ; fi nous luy donnons le moyen de décharger fa confcience de cette partie la plus perilleufe de fes devoirs ; & que par une regle inviolable ceux-là demeurent exclus de l'Epifcopat, qui ne veulent pas y arriver par des travaux Apoftoliques ? Car auffi comment pourrons-nous fans ce fecours incorporer tout-à-fait à l'Eglife de Jesus-Christ, tant de peuples nouvellement convertis, & porter avec confiance un fi grand accroiffement de noftre fardeau ? Ha, fi nous ne fommes infatigables à inftruire, à reprendre, à confoler, à donner le lait aux infirmes, & le pain aux forts, enfin à cultiver ces nouvelles plantes, & à expliquer à ce nouveau peuple la fainte parole, dont, helas! on s'eft tant fervi pour le féduire : *le fort armé chaffé de fa demeure reviendra* plus furieux que jamais, *avec fept efprits plus malins que luy, & noftre eftat deviendra pire que le précédent !* Ne laiffons pas cependant de publier ce miracle de nos jours : faifons-en paffer le recit aux fiecles futurs. Prenez vos plumes facrées, vous qui compofez les

Annales de l'Eglife : agiles inftrumens *d'un prompt écrivain & d'une main diligente*, haftez-vous de mettre Louis avec les Conftantins & les Theodofes. Ceux qui vous ont précédé dans ce beau travail, racontent *qu'avant qu'il y euft eû des Empereurs, dont les loix euffent ofté les affemblées aux Hérétiques, les fectes demeuroient unies, & s'entretenoient long-temps. Mais*, pourfuit Sozomene, *depuis que Dieu fufcita des Princes Chreftiens, & qu'ils eurent défendu ces conventicules, la loy ne permettoit pas aux Hérétiques de s'affembler en public ; & le Clergé qui veilloit fur eux les empefchoit de le faire en particulier. De cette forte, la plus grande partie fe reüniffoit, & les opiniaftres mouroient fans laiffer de poftérité, parce qu'ils ne pouvoient ni communiquer entre eux, ni enfeigner librement leurs dogmes*. Ainfi tomboit l'Héréfie avec fon venin ; & la difcorde rentroit dans les enfers, d'où elle eftoit fortie. Voilà, Messieurs, ce que nos peres ont admiré dans les premiers fiecles de l'Eglife. Mais nos peres n'avoient pas veû, comme nous, une Héréfie invétérée tomber tout-à-coup : les troupeaux égarez revenir en foule, & nos églifes trop étroites pour les recevoir : leurs faux pafteurs les abandonner, fans mefme en attendre l'ordre, & heureux d'avoir à leur alleguer leur banniffement pour excufe : tout calme dans un fi grand mouvement : l'univers étonné de voir dans un événement fi nouveau la marque la plus affeûrée, comme le plus bel ufage de l'autorité, & le mérite du Prince plus reconnu & plus révéré que fon autorité mefme. Touchez de tant de merveilles, épanchons nos cœurs fur la piété de Louis. Pouffons jufqu'au Ciel nos acclamations ; & difons à ce nouveau Conftantin, à ce nouveau Théodofe, à ce nouveau Marcien, à ce nouveau Charlemagne, ce que les fix cens trente Peres dirent autrefois dans le Concile de

Chalcedoine : *Vous avez affermi la Foy ; vous avez exterminé les Hérétiques :* c'*eſt le digne ouvrage de voſtre Regne ;* c'*en eſt le propre caractere. Par vous l'Héréſie n'eſt plus : Dieu ſeul a pu faire cette merveille. Roy du Ciel, conſervez le Roy de la terre :* c'*eſt le vœu des Egliſes ;* c'*eſt le vœu des Eveſques.*

Quand le ſage Chancelier receût l'ordre de dreſſer ce pieux Edit qui donne le dernier coup à l'Héréſie, il avoit déjà reſſenti l'atteinte de la maladie dont il eſt mort. Mais un Miniſtre ſi zélé pour la juſtice, ne devoit pas mourir avec le regret de ne l'avoir pas renduë à tous ceux dont les affaires eſtoient préparées. Malgré cette fatale foibleſſe qu'il commençoit de ſentir, il écouta, il jugea, & il gouſta le repos d'un homme heureuſement dégagé, à qui ni l'Egliſe, ni le monde, ni ſon Prince, ni ſa patrie, ni les particuliers, ni le public n'avoient plus rien à demander. Seulement Dieu luy réſervoit l'accompliſſement du grand ouvrage de la Religion ; & il dit en ſcellant la révocation du fameux Edit de Nantes, qu'aprés ce triomphe de la Foy & un ſi beau monument de la piété du Roy, il ne ſe ſoucioit plus de finir ſes jours. C'eſt la derniere parole qu'il ait prononcée dans la fonction de ſa charge : parole digne de couronner un ſi glorieux miniſtere ! En effet, la mort ſe déclare : on ne tente plus de remede contre ſes funeſtes attaques : dix jours entiers il la conſidere avec un viſage aſſeûré ; tranquille, toûjours aſſis comme ſon mal le demandoit, on croit aſſiſter juſqu'à la fin ou à la paiſible audiance d'un Miniſtre, ou à la douce converſation d'un ami commode. Souvent il s'entretient ſeul avec la mort : la memoire, le raiſonnement, la parole ferme, & auſſi vivant par l'eſprit qu'il eſtoit mourant par le corps, il ſemble luy demander d'où vient qu'on la nomme cruelle. Elle luy fut nuit & jour toûjours préſente ; car il ne connoiffoit plus le fommeil, & la froide main de la mort pouvoit feule luy clorre les yeux. Jamais il ne fut fi attentif : *Je fuis,* difoit-il, *en faction;* car il me femble que je luy voy prononcer encore cette courageufe parole. Il n'eft pas temps de fe repofer : à chaque attaque il fe tient preft, & il attend le moment de fa délivrance. Ne croyez pas que cette conftance ait pu naiftre tout-à-coup entre les bras de la mort : c'eft le fruit des méditations que vous avez veûës, & de la préparation de toute la vie. La mort révele les fecrets des cœurs. Vous, riches, vous qui vivez dans les joyes du monde, fi vous fçaviez avec quelle facilité vous vous laiffez prendre aux richeffes que vous croyez poffeder; fi vous fçaviez par combien d'imperceptibles liens, elles s'attachent, & pour ainfi dire, elles s'incorporent à voftre cœur, & combien font forts & pernicieux ces liens que vous ne fentez pas : vous entendriez la vérité de cette parole du Sauveur : *Malheur à vous, riches! & vous pousseriez,* comme dit Saint Jacques, *des cris lamentables & des hurlemens à la veûë de vos miferes.* Mais vous ne fentez pas un attachement fi déréglé. Le defir fe fait mieux fentir, parcequ'il a de l'agitation & du mouvement. Mais dans la poffeffion, on trouve comme dans un lit un repos funefte, & on s'endort dans l'amour des biens de la terre fans s'appercevoir de ce malheureux engagement. C'eft, MES FRERES, où tombe celuy qui met fa confiance dans les richeffes; je dis mefme dans les richeffes bien aquifes. Mais l'excés de l'attachement que nous ne fentons pas dans la poffeffion, fe fait, dit Saint Auguftin, fentir dans fa perte. C'eft là qu'on entend ce cri d'un Roy malheureux, d'un Agag outré contre la mort qui luy vient ravir tout-à-coup avec la vie fa grandeur & fes plaifirs : *Siccine feparat amara mors? Eft-ce ainfi que la mort amere vient rompre tout-à-coup de fi doux liens?* Le cœur faigne : dans la douleur de la playe on fent combien ces richeffes y tenoient ; & le peché que l'on commettoit par un attachement fi exceffif, fe découvre tout entier : *Quantùm amando deliquerint, perdendo fenferunt.* Par une raifon contraire, un homme dont la fortune protégée du Ciel ne connoift pas les difgraces ; qui élevé fans envie aux plus grands honneurs, heureux dans fa perfonne & dans fa famille, pendant qu'il voit difparoiftre une vie fi fortunée benit la mort & afpire aux biens éternels : ne fait-il pas voir qu'il n'avoit pas mis *fon cœur dans le trefor que les voleurs peuvent enlever*, & que comme un autre Abraham il ne connoift de repos que *dans la Cité permanente?* Un fils confacré à Dieu s'aquite courageufement de fon devoir comme de toutes les autres parties de fon miniftere, & il va porter la trifte parole à un pere fi tendre & fi cheri : il trouve ce qu'il efperoit, un chreftien préparé à tout, qui attendoit ce dernier office de fa pieté. L'Extréme-Onction annoncée par la mefme bouche à ce philofophe chreftien excite autant fa pieté, qu'avoit fait le faint Viatique : les faintes prieres des agonizans réveillent fa foy : fon ame s'épanche dans les celeftes cantiques ; & vous diriez qu'il foit devenu un autre David par l'application qu'il fe fait à luy-mefme de fes divins Pfeaumes. Jamais jufte n'attendit la grace de Dieu avec une plus ferme confiance : jamais pécheur ne demanda un pardon plus humble, ni ne s'en crut plus indigne. Qui me donnera le burin que Job defiroit, pour graver fur l'airain & fur le marbre cette parole fortie de fa bouche en ces derniers jours : que depuis quarante-deux ans qu'il fervoit le Roy, il avoit la confolation de ne luy avoir jamais donné de confeils que felon fa confcience, & dans un fi long miniftere de n'avoir jamais fouffert une injuftice qu'il puft empefcher ? La juſtice demeurer conſtante, & pour ainſi dire, toûjours vierge & incorruptible parmi des occaſions ſi délicates : quelle merveille de la grace ! Aprés ce témoignage de ſa conſcience, qu'avoit-il beſoin de nos éloges ? Vous étonnez-vous de ſa tranquillité ? Quelle maladie ou quelle mort peut troubler celuy qui porte au fond de ſon cœur un ſi grand calme ? Que voy-je durant ce temps ? des enfans percez de douleur : car ils veulent bien que je rende ce témoignage à leur piété, & c'eſt la ſeule loüange qu'ils peuvent écouter ſans peine. Que voy-je encore ? une femme forte, pleine d'aumônes & de bonnes œuvres, précédée malgré ſes deſirs par celuy que tant de fois elle avoit crû devancer. Tantoſt elle va offrir devant les autels cette plus chere & plus précieuſe partie d'elle-meſme : tantoſt elle rentre auprés du malade, non par foibleſſe, mais, dit-elle, *pour apprendre à mourir, & profiter de cét éxemple*. L'heureux vieillard joüït juſqu'à la fin des tendreſſes de ſa famille, où il ne voit rien de foible : mais pendant qu'il en gouſte la reconnoiſſance, comme un autre Abraham, il la ſacrifie, & en l'invitant à s'éloigner, *Je veux*, dit-il, *m'arracher juſqu'aux moindres veſtiges de l'humanité*. Reconnoiſſez-vous un chreſtien qui acheve ſon ſacrifice ; qui fait le dernier effort, afin de rompre tous les liens de la chair & du ſang, & ne tient plus à la terre ? Ainſi parmi les ſouffrances & dans les approches de la mort, s'epure comme dans un feu l'ame chreſtienne. Ainſi elle ſe dépoüille de ce qu'il y a de terreſtre & de trop ſenſible, meſme dans les affections les plus innocentes. Telles ſont les graces qu'on trouve à la mort. Mais qu'on ne s'y trompe pas, c'eſt quand on l'a ſouvent méditée ; quand on s'y eſt long-temps préparé par de bonnes œuvres : autrement la mort porte en elle-meſme ou l'inſenſibilité, ou un ſecret déſeſpoir, ou dans ſes juftes frayeurs l'image d'une pénitence trompeufe, & enfin un trouble fatal à la piété. Mais voicy dans la perfection de la charité, la confommation de l'œuvre de Dieu. Un peu aprés, parmi fes langueurs & percé de douleurs aiguës, le courageux vieillard fe leve, & les bras en haut, aprés avoir demandé la perfévérance, *Je ne defire point,* dit-il, *la fin de mes peines, mais je defire de voir Dieu.* Que voy-je icy, Chrestiens? La foy véritable, qui d'un cofté ne fe laffe pas de fouffrir : vray caractere d'un chreftien : & de l'autre, ne cherche plus qu'à fe développer de fes ténebres, & en diffipant le nuage fe changer en pure lumiere & en claire vifion. O moment heureux où nous fortirons des ombres & des énigmes pour voir la vérité manifefte! Courons-y, mes Frères, avec ardeur : haftons-nous de *purifier noftre cœur, afin de voir Dieu,* felon la promeffe de l'Evangile. Là eft le terme du voyage : là fe finiffent les gémiffemens : là s'acheve le travail de la Foy, quand elle va, pour ainfi dire, enfanter la veûe. Heureux moment encore une fois! qui ne te defire pas, n'eft pas chreftien. Aprés que ce pieux defir eft formé par le Saint-Efprit dans le cœur de ce vieillard plein de foy, que refte-t-il, Chrestiens, finon qu'il aille joüir de l'objet qu'il aime ? Enfin, preft à rendre l'ame, *Je rends graces à Dieu,* dit-il, *de voir défaillir mon corps devant mon efprit.* Touché d'un fi grand bienfait, & ravi de pouvoir pouffer fes reconnoiffances jufques au dernier foupir; il commença l'hymne des divines miféricordes: *Mifericordias Domini in æternum cantabo* : *Je chanteray,* dit-il, *éternellement les miféricordes du Seigneur.* Il expire en difant ces mots, & il continuë avec les Anges le facré cantique. Reconnoiffez maintenant que fa perpetuelle modération venoit d'un cœur détaché de l'amour du monde; & réjoüïffez-vous en Noftre

Seigneur, de ce que riche il a mérité les graces & la récompenſe de la pauvreté. Quand je conſidere attentivement dans l'Evangile la parabole ou pluſtoſt l'hiſtoire du mauvais riche, & que je voy de quelle ſorte Jesus-Christ y parle des fortunez de la terre, il me ſemble d'abord qu'il ne leur laiſſe aucune eſpérance au ſiecle futur. Lazare pauvre & couvert d'ulceres *eſt porté par les Anges au ſein d'Abraham;* pendant que le riche toûjours heureux dans cette vie, *eſt enſeveli dans les Enfers.* Voilà un traitement bien différent que Dieu fait à l'un & à l'autre. Mais comment eſt-ce que le Fils de Dieu nous en explique la cauſe ? *Le riche,* dit-il, *a receû ſes biens, & le pauvre ſes maux dans cette vie :* & de là quelle conſequence ? Ecoutez riches, & tremblez : *Et maintenant,* pourſuit-il, *l'un reçoit ſa conſolation, & l'autre ſon juſte ſupplice.* Terrible diſtinction ! funeſte partage pour les grands du monde ! Et toutefois ouvrez les yeux : c'eſt le riche Abraham qui reçoit le pauvre Lazare dans ſon ſein ; & il vous montre, ô riches du ſiecle, à quelle gloire vous pouvez aſpirer, ſi *pauvres en eſprit,* & détachez de vos biens, vous vous tenez auſſi preſts à les quitter, qu'un voyageur empreſſé à déloger de la tente où il paſſe une courte nuit. Cette grace, je le confeſſe, eſt rare dans le Nouveau Teſtament, où les afflictions & la pauvreté des enfans de Dieu, doivent ſans ceſſe repréſenter à toute l'Egliſe un Jesus-Christ ſur la Croix. Et cependant, Chrestiens, Dieu nous donne quelquefois de pareils éxemples, afin que nous entendions qu'on peut mépriſer les charmes de la grandeur, meſme préſente ; & que les pauures apprennent à ne deſirer pas avec tant d'ardeur ce qu'on peut quitter avec joye. Ce Miniſtre ſi fortuné & ſi détaché toute nſemble, leur doit inſpirer ce ſentiment. La mort a découvert le ſecret de ſes affaires ; & le public, rigide cenfeur des hommes de cette fortune & de ce rang, n'y a rien veû que de modéré. On a veû fes biens accrus naturellement par un fi long miniftere & par une prévoyante œconomie; & on ne fait qu'ajoufter à la loûange de grand Magiftrat & de fage Miniftre, celle de fage & vigilant Pere de famille, qui n'a pas efté jugée indigne des faints Patriarches. Il a donc, à leur éxemple, quitté fans peine ce qu'il avoit aquis fans empreffement : fes vrais biens ne luy font pas oftez, & la juftice demeure aux fiecles des fiecles. C'eft d'elle que font découlées tant de graces & tant de vertus que fa derniere maladie a fait éclater. Ses aumônes fi bien cachées dans le fein du pauvre ont prié pour luy : fa main droite les cachoit à fa main gauche; & à la réferve de quelque ami qui en a efté le miniftre ou le témoin néceffaire, fes plus intimes confidens les ont ignorées : mais le *Pere qui les a veûës dans le fecret luy en a rendu la récompenfe*. Peuples, ne le pleurez plus; & vous qui éblouïs de l'éclat du monde, admirez le tranquille cours d'une fi longue & fi belle vie, portez plus haut vos penfées. Quoy donc, quatre-vingts-trois ans paffez au milieu des profpéritez, quand il n'en faudroit retrancher ni l'enfance où l'homme ne fe connoift pas, ni les maladies où l'on ne vit point, ni tout le temps dont on a toûjours tant de fujet de fe repentir, paroiftront-ils quelque chofe à la veûë de l'Eternité où nous nous avançons à fi grands pas? Aprés cent trente ans de vie, Jacob amené au Roy d'Egypte luy raconte la courte durée de fon laborieux pélerinage, qui n'égale pas les jours de fon pere Ifaac ni de fon ayeul Abraham. Mais les ans d'Abraham & d'Ifaac qui ont fait paroiftre fi courts ceux de Jacob, s'évanoûïffent auprés de la vie de Sem, que celle d'Adam & de Noé efface. Que fi le temps comparé au temps, la mefure à la mefure & le terme au terme, fe réduit à rien : que fera-ce fi l'on compare le temps à l'éternité, où il n'y a ni mefure ni terme ? Comptons donc comme tres-court, CHRESTIENS, ou pluftoft comptons comme un pur neant tout ce qui finit; puis qu'enfin quand on auroit multiplié les années au-delà de tous les nombres connus, vifiblement ce ne fera rien, quand nous ferons arrivez au terme fatal. Mais peut-eftre que preft à mourir, on comptera pour quelque chofe cette vie de réputation, ou cette imagination de revivre dans fa famille qu'on croira laiffer folidement établie. Qui ne voit, MES FRERES, combien vaines, mais combien courtes & combien fragiles font encore ces fecondes vies que noftre foibleffe nous fait inventer pour couvrir en quelque forte l'horreur de la mort. Dormez voftre fommeil, riches de la terre, & demeurez dans voftre pouffiere. Ha fi quelques générations; que dis-je, fi quelques années aprés voftre mort, vous reveniez, hommes oubliez, au milieu du monde, vous vous hafteriez de rentrer dans vos tombeaux, pour ne voir pas voftre nom terni, voftre mémoire abolie, & voftre prévoyance trompée dans vos amis, dans vos créatures, & plus encore dans vos héritiers & dans vos enfans. Eft-ce là le fruit du travail, dont vous vous eftes confumez fous le foleil, vous amaffant un trefor de haine & de colere éternelle au jufte jugement de Dieu? Sur tout, mortels, defabufez-vous de la penfée dont vous vous flatez, qu'aprés une longue vie, la mort vous fera plus douce & plus facile. Ce ne font pas les années ; c'eft une longue préparation qui vous donnera de l'affeûrance. Autrement un philofophe vous dira en vain que vous devez eftre raffafié d'années & de jours, & que vous avez affez veû les faifons fe renouveller, & le monde rouler autour de vous ; ou pluftoft, que vous vous eftes affez veû rouler vous-mefme & paffer avec le monde. La derniere heure n'en fera pas moins infupportable, & l'habitude de vivre ne fera qu'en accroiftre le defir. C'eft de faintes méditations, c'eft de bonnes œuvres, c'eft ces véritables richeffes, que vous envoyerez devant vous au fiecle futur, qui vous infpireront de la force; & c'eft par ce moyen que vous affermirez voftre courage. Le vertueux MICHEL LE TELLIER vous en a donné l'éxemple : la Sageffe, la Fidelité, la Juftice, la Modeftie, la Prévoyance, la Piété; toute la troupe facrée des vertus, qui veilloient, pour ainfi dire, autour de luy, en ont banni les frayeurs, & ont fait du jour de fa mort, le plus beau, le plus triomphant, le plus heureux jour de fa vie.

## EXTRAIT DV PRIVILEGE.

Par Lettres Patentes du Roy données à Chaville le 12. Aouſt 1682. ſignées Jonquieres, & ſcellées du grand Sceau de cire jaune, il eſt permis à Meſſire Jacques Benigne Bossuet Eveſque de Meaux, Conſeiller du Roy en ſes Conſeils, cy-devant Précepteur de Monſeigneur le Dauphin, premier Aumoſnier de Madame la Dauphine, de faire imprimer par tel Imprimeur qu'il voudra choiſir, en telle forme & de tel caractere qu'il trouvera bon, *tous les Livres qu'il aura compoſez, ou qu'il jugera à propos de faire imprimer pour l'utilité publique*, & ce pendant vingt années, à compter du jour que chacun deſdits ouvrages ſera achevé d'imprimer. Fait Sa Majeſté tres-expreſſes défenſes à tous Imprimeurs ou Libraires autres que celuy qui aura eſté choiſi par ledit Seigneur Eveſque, & à toutes perſonnes, de quelque qualité ou condition qu'elles ſoient, d'imprimer ou faire imprimer leſdits Livres, ſous quelque prétexte que ce ſoit, meſme de traduction, à peine de ſix mille livres d'amende, payable ſans déport par chacun des contrevenans, de confiſcation des exemplaires contrefaits, & de tous dépens, dommages & intereſts, comme il eſt porté plus amplement par leſdites Lettres.

*Regiſtré ſur le Livre de la Communauté des Imprimeurs & Libraires de Paris, le dix-ſeptiéme Aouſt mil ſix cens quatre-vingts-deux.* Signé, C. Angot, Sindic.

L'Oraiſon Funebre de Meſſire Michel Le Tellier, Chancelier de France, a eſté achevée d'imprimer le 8. jour de Mars 1686.

# ORAISON FUNEBRE

DE TRES-HAUT
ET TRES-PUISSANT PRINCE

# LOUIS DE BOURBON

*PRINCE DE CONDÉ*

PREMIER PRINCE DU SANG

*Prononcée dans l'Eglife de Noſtre-Dame de Paris
le 10. jour de Mars 1687.*

Par Messire Jacques Benigne BOSSUET

Evefque de Meaux,
Confeiller du Roy en fes Confeils,
Cy-devant Précepteur de Monfeigneur le Dauphin, Premier Aumofnier
de Madame la Dauphine.

---

A PARIS

Chez Sebastien MABRE-CRAMOISY
PREMIER IMPRIMEUR DU ROY ET DIRECTEUR DE SON IMPRIMERIE ROYALE
Rue S. Jacques, aux Cicognes.
M. DC. LXXXVII.
*Avec Privilege de Sa Majeſté*

# ORAISON FUNEBRE
DE
# LOUIS DE BOURBON
*PRINCE DE CONDÉ.*

*Dominus tecum, virorum fortiſſime.....*
*Vade in hac fortitudine tua..... Ego ero*
*tecum.*

Le Seigneur eſt avec vous, ô le plus courageux de tous les hommes. Allez avec ce courage dont vous eſtes rempli. Je feray avec vous.  Aux Juges. IV. 12. 14. 16.

A M. LE PRINCE.

Monseigneur,

u moment que j'ouvre la bouche pour célébrer la gloire immortelle de Louis de Bourbon, Prince de Condé, je me fens également confondu, & par la grandeur du fujet, & s'il m'eſt permis de l'avouer, par l'inutilité du travail. Quelle partie du monde habitable n'a pas ouï les victoires du Prince de Condé, & les merveilles de fa vie? On les raconte

par tout : le François qui les vante, n'apprend rien à l'étranger ; & quoy que je puiffe aujourd'hui vous en rapporter, toûjours prévenu par vos penfées j'auray encore à répondre au fecret reproche que vous me ferez, d'eftre demeuré beaucoup au deffous. Nous ne pouvons rien, foibles orateurs, pour la gloire des ames extraordinaires. Le Sage a raifon de dire, que *leurs feules actions les peuvent loüer :* toute autre louange languit auprés des grands noms ; & la feule fimplicité d'un récit fidelle pourroit foutenir la gloire du Prince de Condé. Mais en attendant que l'hiftoire, qui doit ce récit aux fiecles futurs, le faffe paroiftre ; il faut fatiffaire, comme nous pourrons, à la reconnoiffance publique, & aux ordres du plus grand de tous les Rois. Que ne doit point le royaume à un Prince qui a honoré la Maifon de France, tout le nom François, fon fiecle, & pour ainfi dire, l'humanité toute entiere ? Louis le Grand eft entré luy-mefme dans ces fentimens. Aprés avoir pleuré ce grand Homme, & luy avoir donné par fes larmes, au milieu de toute fa Cour, le plus glorieux éloge qu'il puft recevoir : il affemble dans un Temple fi célebre, ce que fon royaume a de plus augufte pour y rendre des devoirs publics à la mémoire de ce Prince ; & il veut que ma foible voix anime toutes ces triftes repréfentations & tout cét appareil funebre. Faifons donc cét effort fur noftre douleur. Ici un plus grand objet, & plus digne de cette chaire, fe préfente à ma penfée. C'eft Dieu qui fait les Guerriers & les Conquerans. *C'eft vous,* luy difoit David, *qui avez inftruit mes mains à combatre, & mes doigts à tenir l'épée.* S'il infpire le courage, il ne donne pas moins les autres grandes qualitez naturelles & furnaturelles, & du cœur & de l'efprit. Tout part de fa puiffante main : c'eft luy qui envoye du ciel les généreux fentimens, les fages confeils, & toutes les bonnes pensées. Mais il veut que nous fçachions diftinguer entre les dons qu'il abandonne à fes ennemis, & ceux qu'il réferve à fes ferviteurs. Ce qui diftingue fes amis d'avec tous les autres, c'eft la piété : jufqu'à ce qu'on ait receu ce don du ciel, tous les autres non feulement ne font rien, mais encore tournent en ruine à ceux qui en font ornez. Sans ce don ineftimable de la piété, que feroit-ce que le Prince de Condé avec tout ce grand cœur & ce grand génie? Non, mes Freres, fi la piété n'avoit comme confacré fes autres vertus, ni ces Princes ne trouveroient aucun adouciffement à leur douleur, ni ce religieux Pontife aucune confiance dans fes prieres, ni moy-mefme aucun foutien aux louanges que je dois à un fi grand Homme. Pouffons donc à bout la gloire humaine par cét éxemple : détruifons l'idole des ambitieux : qu'elle tombe anéantie devant ces autels. Mettons en un aujourd'hui, car nous le pouvons dans un fi noble fujet, toutes les plus belles qualitez d'une excellente nature ; & à la gloire de la vérité, montrons dans un Prince admiré de tout l'univers, que ce qui fait les Heros, ce qui porte la gloire du monde jufqu'au comble ; valeur, magnanimité, bonté naturelle ; voilà pour le cœur : vivacité, pénétration, grandeur & fublimité de génie ; voilà pour l'efprit : ne feroient qu'une illufion, fi la piété ne s'y eftoit jointe : & enfin, que la piété eft le tout de l'homme. C'eft, Messieurs, ce que vous verrez dans la vie éternellement mémorable de Tres-haut, et Trespuissant Prince Louis de Bourbon, Prince de Condé, Premier Prince du Sang.

Dieu nous a révélé que luy feul il fait les Conquerans, & que feul il les fait fervir à fes deffeins. Quel autre a fait un Cyrus, fi ce n'eft Dieu, qui l'avoit nommé deux cens ans avant fa naiffance dans les oracles d'Ifaïe ?

Tu n'es pas encore, luy difoit-il, *mais je te voy, & je t'ay nommé par ton nom : tu t'appeleras Cyrus : je marcheray devant toy dans les combats : à ton approche je mettray les Rois en fuite : je briferay les portes d'airain : c'eſt moy qui étends les Cieux, qui foutiens la terre, qui nomme ce qui n'eſt pas comme ce qui eſt :* c'eſt à dire, c'eſt moy qui fais tout, & moy qui voydés l'éternité tout ce que je fais. Quel autre a pu former un Alexandre, ſi ce n'eſt ce meſme Dieu, qui en a fait voir de ſi loin & par des figures ſi vives l'ardeur indomptable à ſon Prophete Daniel? *Le voyeʒ-vous*, dit-il, *ce Conquerant ; avec quelle rapidité il s'éleve de l'occident comme par bonds, & ne touche pas à terre?* Semblable dans ſes ſauts hardis & dans ſa légere démarche à ces animaux vigoureux & bondiſſans, il ne s'avance que par vives & impétueuſes faillies, & n'eſt arreſté ni par montagnes ni par précipices. Déja le Roy de Perſe eſt entre ſes mains : *à ſa veuë il s'eſt animé : efferatus eſt in eum*, dit le Prophete ; *il l'abbat, il le foule aux pieds : nul ne le peut défendre des coups qu'il luy porte, ni luy arracher ſa proye.* A n'entendre que ces paroles de Daniel, qui croiriez-vous voir, Messieurs, ſous cette figure, Alexandre ou le Prince de Condé? Dieu donc luy avoit donné cette indomptable valeur pour le ſalut de la France durant la minorité d'un Roy de quatre ans. Laiſſez-le croiſtre ce Roy chéri du Ciel : tout cédera à ſes exploits : ſupérieur aux ſiens comme aux ennemis, il ſçaura tantoſt ſe ſervir, tantoſt ſe paſſer de ſes plus fameux capitaines ; & ſeul ſous la main de Dieu qui ſera continuellement à ſon ſecours, on le verra l'aſſeûré rempart de ſes Etats. Mais Dieu avoit choiſi le Duc d'Anguien pour le défendre dans ſon enfance. Auſſi vers les premiers jours de ſon regne, à l'âge de vingt-deux ans, le Duc conceût un deffein où les vieillards expérimentez ne purent atteindre : mais la victoire le juſtifia devant Rocroy. L'armée ennemie eſt plus forte, il eſt vrai : elle eſt compoſée de ces vieilles bandes Valonnes, Italiennes & Eſpagnoles, qu'on n'avoit pu rompre juſqu'alors. Mais pour combien falloit-il compter le courage qu'inſpiroit à nos troupes le beſoin preſſant de l'Etat, les avantages paſſez, & un jeune Prince du Sang qui portoit la victoire dans ſes yeux ? Dom Franciſco de Mellos l'attend de pied-ferme ; & ſans pouvoir reculer, les deux Généraux & les deux armées ſemblent avoir voulu ſe renfermer dans des bois & dans des marais, pour décider leur querelle, comme deux braves, en champ clos. Alors, que ne vit-on pas ? Le jeune Prince parut un autre homme. Touché d'un ſi digne objet, ſa grande ame ſe déclara toute entiere : ſon courage croiſſoit avec les périls, & ſes lumieres avec ſon ardeur. A la nuit qu'il fallut paſſer en préſence des ennemis, comme un vigilant capitaine il repoſa le dernier : mais jamais il ne repoſa plus paiſiblement. A la veille d'un ſi grand jour, & dés la prémiere bataille, il eſt tranquille ; tant il ſe trouve dans ſon naturel : & on ſçait que le lendemain à l'heure marquée il fallut réveiller d'un profond ſommeil cét autre Alexandre. Le voyez-vous comme il vole, ou à la victoire, ou à la mort ? Auſſitoſt qu'il eut porté de rang en rang l'ardeur dont il eſtoit animé, on le vit preſque en meſme temps pouſſer l'aiſle droite des ennemis, ſoutenir la noſtre ébranlée, rallier le François à demi vaincu, mettre en fuite l'Eſpagnol victorieux, porter par tout la terreur, & étonner de ſes regards étincellans ceux qui échapoient à ſes coups. Reſtoit cette redoutable infanterie de l'armée d'Eſpagne, dont les gros bataillons ferrez, ſemblables à autant de tours, mais à des tours qui ſçauroient réparer leurs brêches, demeuroient inébranlables au milieu de tout le reste en déroute, & lançoient des feux de toutes parts. Trois fois le jeune vainqueur s'efforça de rompre ces intrépides combatans : trois fois il fut repoussé par le valeureux Comte de Fontaines, qu'on voyoit porté dans sa chaise, & malgré ses infirmitez montrer qu'une ame guerriere est maistresse du corps qu'elle anime. Mais enfin, il faut céder. C'est en vain qu'à travers des bois avec sa cavalerie toute fraische, Bek précipite sa marche pour tomber sur nos soldats épuisez : le Prince l'a prévenu : les bataillons enfoncez demandent quartier : mais la victoire va devenir plus terrible pour le Duc d'Anguien que le combat. Pendant qu'avec un air asseuré il s'avance pour recevoir la parole de ces braves gens, ceux-cy toûjours en garde craignent la surprise de quelque nouvelle attaque : leur effroyable décharge met les nostres en furie : on ne voit plus que carnage : le sang ennivre le soldat : jusqu'à ce que le grand Prince, qui ne put voir égorger ces lions comme de timides brebis, calma les courages émus, & joignit au plaisir de vaincre celuy de pardonner. Quel fut alors l'étonnement de ces vieilles troupes & de leurs braves officiers, lors qu'ils virent qu'il n'y avoit plus de salut pour eux qu'entre les bras du vainqueur ? De quels yeux regarderent-ils le jeune Prince, dont la victoire avoit relevé la haute contenance, à qui la clemence ajoutoit de nouvelles graces ? Qu'il eust encore volontiers sauvé la vie au brave Comte de Fontaines! Mais il se trouva par terre, parmi ces milliers de morts dont l'Espagne sent encore la perte. Elle ne sçavoit pas que le Prince, qui luy fit perdre tant de ses vieux régimens à la journée de Rocroy, en devoit achever les restes dans les plaines de Lens. Ainsi la premiere victoire fut le gage de beaucoup d'autres. Le Prince fléchit le genouïl, & dans le champ de bataille il rend au Dieu des armées la gloire qu'il luy envoyoit. Là on célébra Rocroy délivré, les menaces d'un redoutable ennemi tournées à fa honte, la régence affermie, la France en repos ; & un regne qui devoit eftre fi beau, commencé par un fi heureux préfage. L'armée commença l'action de graces : toute la France fuivit : on y élevoit jufqu'au ciel le coup d'effai du Duc d'Anguien : c'en feroit affez pour illuftrer une autre vie que la fienne ; mais pour luy, c'eft le premier pas de fa courfe.

Dés cette premiere campagne, aprés la prife de Thionville, digne prix de la victoire de Rocroy, il paffa pour un capitaine également redoutable dans les fieges & dans les batailles. Mais voici dans un jeune Prince victorieux quelque chofe qui n'eft pas moins beau que la victoire. La Cour qui luy préparoit à fon arrivée les applaudiffemens qu'il méritoit, fut furprife de la maniere dont il les receut. La Reine régente luy a témoigné que le Roy eftoit content de fes fervices. C'eft dans la bouche du Souverain la digne récompenfe de fes travaux. Si les autres ofoient le louer, il repouffoit leurs louanges comme des offenfes ; & indocile à la flaterie, il en craignoit jufqu'à l'apparence. Telle eftoit la délicateffe, ou plûtoft telle eftoit la folidité de ce Prince. Auffi avoit-il pour maxime : écoutez, c'eft la maxime qui fait les grands hommes : que dans les grandes actions il faut uniquement fonger à bien faire, & laiffer venir la gloire aprés la vertu. C'eft ce qu'il infpiroit aux autres, c'eft ce qu'il fuivoit luy-mefme. Ainfi la fauffe gloire ne le tentoit pas : tout tendoit au vrai & au grand. De-là vient qu'il mettoit fa gloire dans le fervice du Roy, & dans le bonheur de l'Eftat : c'eftoit là le fond de fon cœur ; c'eftoient fes premieres & fes plus cheres inclinations. La Cour ne le retint gueres, quoy-qu'il en fuſt la merveille. Il falloit montrer par tout, & à l'Allemagne comme à la Flandre, le défenſeur intrépide que Dieu nous donnoit. Arreſtez ici vos regards. Il ſe prépare contre le Prince quelque choſe de plus formidable qu'à Rocroy ; & pour éprouver ſa vertu, la guerre va épuiſer toutes ſes inventions & tous ſes efforts. Quel objet ſe préſente à mes yeux ? Ce n'eſt pas ſeulement des hommes à combatre ; c'eſt des montagnes inacceſſibles ; c'eſt des ravines & des précipices d'un coſté ; c'eſt de l'autre un bois impénétrable, dont le fond eſt un marais ; & derriere des ruiſſeaux, de prodigieux retranchemens : c'eſt par tout des forts élevez, & des foreſts abbatuës qui traverſent des chemins affreux : & au dedans, c'eſt Merci avec ſes braves Bavarois enflez de tant de ſuccés & de la priſe de Fribourg ; Merci qu'on ne vit jamais reculer dans les combats ; Merci que le Prince de Condé & le vigilant Turenne n'ont jamais ſurpris dans un mouvement irrégulier, & à qui ils ont rendu ce grand témoignage, que jamais il n'avoit perdu un ſeul moment favorable, ni manqué de prévenir leurs deſſeins, comme s'il euſt aſſiſté à leurs conſeils. Ici donc durant huit jours, & à quatre attaques différentes, on vit tout ce qu'on peut ſoutenir & entreprendre à la guerre. Nos troupes ſemblent rebutées autant par la réſiſtance des ennemis que par l'effroyable diſpoſition des lieux ; & le Prince ſe vit quelque temps comme abandonné. Mais comme un autre Macabée, *ſon bras ne l'abandonna pas, & ſon courage irrité par tant de perils vint à ſon ſecours.* On ne l'eut pas plûtoſt veû pied à terre forcer le premier ces inacceſſibles hauteurs, que ſon ardeur entraîna tout aprés elle. Merci voit ſa perte aſſeurée : ſes meilleurs régimens ſont défaits : la nuit ſauve les reſtes de ſon armée : mais que des pluyes exceſſives s'y joignent encore, afin que nous ayons à la fois, avec tout le courage & tout l'art, toute la nature à combatre : quelque avantage que prenne un ennemi habile autant que hardi, & dans quelque affreuſe montagne qu'il ſe retranche de nouveau ; pouſſé de tous coſtez, il faut qu'il laiſſe en proye au Duc d'Anguien, non ſeulement ſon canon & ſon bagage, mais encore tous les environs du Rhein. Voyez comme tout s'ébranle. Philifbourg eſt aux abois en dix jours malgré l'hiver qui approche : Philifbourg qui tint ſi long-temps le Rhein captif ſous nos loix, & dont le plus grand des Rois a ſi glorieuſement réparé la perte. Vormes, Spire, Mayence, Landau, vingt autres places de nom ouvrent leurs portes. Merci ne les peut défendre, & ne paroiſt plus devant ſon vainqueur : ce n'eſt pas aſſez : il faut qu'il tombe à ſes pieds, digne victime de ſa valeur : Nordlingue en verra la chute : il y fera décidé qu'on ne tient non plus devant les François en Allemagne qu'en Flandre, & on devra tous ces avantages au meſme Prince. Dieu Protecteur de la France, & d'un Roy qu'il a deſtiné à ſes grands ouvrages, l'ordonne ainſi.

Par ces ordres tout paroiſſoit ſeur ſous la conduite du Duc d'Anguien : & ſans vouloir ici achever le jour à vous marquer ſeulement ſes autres exploits, vous ſçavez parmi tant de fortes places attaquées, qu'il n'y en eut qu'une ſeule qui puſt échaper à ſes mains ; encore releva-t-elle la gloire du Prince. L'Europe qui admiroit la divine ardeur dont il eſtoit animé dans les combats, s'étonna qu'il en fuſt le maiſtre, & dés l'âge de vingt-ſix ans auſſi capable de ménager ſes troupes, que de les pouſſer dans les hazards, & de céder à la fortune que de la faire ſervir à ſes deſſeins. Nous le viſmes par tout ailleurs comme un de ces hommes extraordinaires qui forcent tous les obſtacles. La promptitude de fon action ne donnoit pas le loifir de la traverfer. C'eft là le caractere des Conquerans. Lors que David un fi grand guerrier déplora la mort de deux fameux capitaines qu'on venoit de perdre, il leur donna cét éloge : *Plus viftes que les aigles, plus courageux que les lions.* C'eft l'image du Prince que nous regretons. Il paroift en un moment comme un éclair dans les païs les plus éloignez. On le voit en mefme temps à toutes les attaques, à tous les quartiers. Lors qu'occupé d'un cofté, il envoye reconnoiftre l'autre, le diligent officier qui porte fes ordres, s'étonne d'eftre prévenu, & trouve déja tout ranimé par la préfence du Prince : il femble qu'il fe multiplie dans une action : ni le fer ni le feu ne l'arreftent. Il n'a pas befoin d'armer cette tefte qu'il expofe à tant de périls ; Dieu luy eft une armure plus affeurée : les coups femblent perdre leur force en l'approchant, & laiffer feulement fur luy des marques de fon courage & de la protection du ciel. Ne luy dites pas que la vie d'un premier Prince du Sang fi néceffaire à l'Etat doit eftre épargnée : il répond qu'un Prince du Sang, plus intéreffé par fa naiffance à la gloire du Roy & de la Couronne, doit dans le befoin de l'Etat eftre dévoûé plus que tous les autres pour en relever l'éclat. Aprés avoir fait fentir aux ennemis durant tant d'années l'invincible puiffance du Roy ; s'il fallut agir au dedans pour la foutenir, je dirai tout en un mot, il fit refpecter la Regente : & puis qu'il faut une fois parler de ces chofes dont je voudrois pouvoir me taire éternellement, jufqu'à cette fatale prifon il n'avoit pas feulement fongé qu'on puft rien attenter contre l'Etat ; & dans fon plus grand credit, s'il fouhaitoit d'obtenir des graces, il fouhaitoit encore plus de les mériter. C'eft ce qui luy faifoit dire : je puis bien ici répéter devant ces autels les paroles que j'ay recueïllies de fa bouche, puis qu'elles marquent fi bien le fond de fon cœur : il difoit donc, en parlant de cette prifon malheureufe, qu'il y eftoit entré le plus innocent de tous les hommes, & qu'il en eftoit forti le plus coupable. *Helas, pourfuivoit-il, je ne refpirois que le fervice du Roy, & la grandeur de l'Etat!* On reffentoit dans fes paroles un regret fincere d'avoir efté pouffé fi loin par fes malheurs. Mais fans vouloir excufer ce qu'il a fi hautement condamné luy-mefme, difons, pour n'en parler jamais : que comme dans la gloire éternelle les fautes des faints pénitens couvertes de ce qu'ils ont fait pour les réparer, & de l'éclat infini de la divine miféricorde, ne paroiffent plus : ainfi dans des fautes fi fincérement reconnuës, & dans la fuite fi glorieufement réparées par de fideles fervices, il ne faut plus regarder que l'humble reconnoiffance du Prince, qui s'en repentit, & la clemence du grand Roy qui les oublia.

Que s'il eft enfin entraîné dans ces guerres infortunées, il y aura du moins cette gloire, de n'avoir pas laiffé avilir la grandeur de fa Maifon chez les eftrangers. Malgré la majefté de l'Empire, malgré la fierté d'Auftriche, & les couronnes héréditaires attachées à cette maifon, mefme dans la branche qui domine en Allemagne; réfugié à Namur, foutenu de fon feul courage & de fa feule réputation, il porta fi loin les avantages d'un Prince de France, & de la premiere Maifon de l'univers, que tout ce qu'on put obtenir de luy, fut qu'il confentit de traiter d'égal avec l'Archiduc, quoy-que frere de l'Empereur, & fils de tant d'Empereurs : à condition qu'en lieu tiers ce Prince feroit les honneurs des Païs-bas. Le mefme traitement fut affeuré au Duc d'Anguien, & la maifon de France garda fon rang fur celle d'Auftriche, jufque dans Bruxelle. Mais voyez ce que fait faire un vrai courage. Pendant que le Prince fe foutenoit fi hautement avec l'Archiduc qui dominoit, il rendoit au Roy d'Angleterre, & au Duc d'Yorck, maintenant un Roy fi fameux, malheureux alors, tous les honneurs qui leur eftoient deûs ; & il apprit enfin à l'Efpagne trop dédaigneufe, quelle eftoit cette majefté que la mauvaife fortune ne pouvoit ravir à de fi grands Princes. Le refte de fa conduite ne fut pas moins grand. Parmi les difficultez que fes intérefts apportoient au Traité des Pirénées, écoutez quels furent fes ordres ; & voyez fi jamais un particulier traita fi noblement fes intérefts. Il mande à fes agens dans la conférence, qu'il n'eft pas jufte que la paix de la Chrétienté foit retardée davantage à fa confidération : qu'on ait foin de fes amis ; & pour luy, qu'on luy laiffe fuivre fa fortune. Ha, quelle grande victime fe facrifie au bien public ! Mais quand les chofes changerent, & que l'Efpagne luy voulut donner ou Cambray & fes environs, ou le Luxembourg, en pleine fouveraineté ; il déclara qu'il préféroit à ces avantages, & à tout ce qu'on pouvoit jamais luy accorder de plus grand : quoy ? fon devoir & les bonnes graces du Roy. C'eft ce qu'il avoit toûjours dans le cœur ; c'eft ce qu'il répétoit fans ceffe au Duc d'Anguien. Le voilà dans fon naturel : la France le vit alors accompli par ces derniers traits, & avec ce je ne fçai quoy d'achevé que les malheurs ajouftent aux grandes vertus : elle le revit dévoué plus que jamais à l'Etat & à fon Roy. Mais dans fes premieres guerres il n'avoit qu'une feule vie à luy offrir : maintenant il en a une autre qui luy eft plus chere que la fienne. Aprés avoir à fon éxemple glorieufement achevé le cours de fes études, le Duc d'Anguien eft preft à le fuivre dans les combats. Non content de luy enfeigner la guerre comme il a fait jufqu'à la fin par fes difcours, le Prince le mene aux leçons vivantes

& à la pratique. Laiſſons le paſſage du Rhein, le prodige de noſtre ſiecle & de la vie de Louis le Grand. A la journée de Senef, le jeune Duc, quoy-qu'il commandaſt, comme il avoit déjà fait en d'autres campagnes, vient dans les plus rudes épreuves apprendre la guerre aux coſtez du Prince ſon pere. Au milieu de tant de périls il voit ce grand Prince renverſé dans un foſſé, ſous un cheval tout en ſang. Pendant qu'il luy offre le ſien & s'occupe à relever le Prince abbatu, il eſt bleſſé entre les bras d'un pere ſi tendre, ſans interrompre ſes ſoins, ravi de ſatisfaire à la fois à la piété & à la gloire. Que pouvoit penſer le Prince, ſi ce n'eſt que pour accomplir les plus grandes choſes, rien ne manqueroit à ce digne fils que les occaſions ? Et ſes tendreſſes ſe redoubloient avec ſon eſtime.

Ce n'eſtoit pas ſeulement pour un fils, ni pour ſa famille qu'il avoit des ſentimens ſi tendres. Je l'ay veû, & ne croyez pas que j'uſe ici d'éxagération : je l'ay veû vivement émeû des périls de ſes amis : je l'ay veû, ſimple & naturel, changer de viſage au récit de leurs infortunes, entrer avec eux dans les moindres choſes comme dans les plus importantes ; dans les accommodemens calmer les eſprits aigris avec une patience & une douceur qu'on n'auroit jamais attenduë d'une humeur ſi vive ni d'une ſi haute élevation. Loin de nous les héros ſans humanité. Ils pourront bien forcer les reſpects, & ravir l'admiration comme font tous les objets extraordinaires ; mais ils n'auront pas les cœurs. Lors que Dieu forma le cœur & les entrailles de l'homme, il y mit premierement la bonté comme ſon propre caractere, & pour eſtre comme la marque de cette main bienfaiſante dont nous ſortons. La bonté devoit donc faire comme le fonds de noſtre cœur, & devoit eſtre en meſme temps le premier attrait que nous aurions en nous-mefmes pour gagner les autres hommes. La grandeur qui vient par deffus, loin d'affoiblir la bonté, n'eft faite que pour l'aider à fe communiquer davantage, comme une fontaine publique qu'on éleve pour la répandre. Les cœurs font à ce prix : & les Grands dont la bonté n'eft pas le partage; par une jufte punition de leur dédaigneufe infenfibilité, demeureront privez éternellement du plus grand bien de la vie humaine, c'eft à dire des douceurs de la focieté. Jamais homme ne les gouta mieux que le Prince dont nous parlons : jamais homme ne craignit moins que la familiarité bleffaft le refpect. Eft-ce-là celuy qui forçoit les villes, & qui gagnoit les batailles? Quoy, il femble avoir oublié ce haut rang qu'on luy a veû fi bien défendre ! Reconnoiffez le héros, qui toûjours égal à luy-mefme, fans fe hauffer pour paroiftre grand, fans s'abbaiffer pour eftre civil & obligeant, fe trouve naturellement tout ce qu'il doit eftre envers tous les hommes : comme un fleuve majeftueux & bienfaifant qui porte paifiblement dans les villes l'abondance qu'il a répanduë dans les campagnes en les arrofant; qui fe donne à tout le monde, & ne s'éleve & ne s'enfle que lors qu'avec violence on s'oppofe à la douce pente qui le porte à continuer fon tranquille cours. Telle a efté la douceur, & telle a efté la force du prince de Condé. Avez-vous un fecret important? verfez-le hardiment dans ce noble cœur : voftre affaire devient la fienne par la confiance. Il n'y a rien de plus inviolable pour ce Prince que les droits facrez de l'amitié. Lors qu'on luy demande une grace, c'eft luy qui paroift l'obligé; & jamais on ne vit de joye ni fi vive ni fi naturelle que celle qu'il reffentoit à faire plaifir. Le premier argent qu'il receût d'Efpagne avec la permiffion du Roy, malgré les néceffitez de fa maifon épuifée, fut donné à fes amis, encore qu'aprés la paix il n'euft rien à efpérer de leur fecours : & quatre cens mille écus diftribuez par fes ordres firent voir, chofe rare dans la vie humaine, la reconnoiffance auffi vive dans le Prince de Condé, que l'efpérance d'engager les hommes l'eft dans les autres. Avec luy la vertu eût toûjours fon prix. Il la louoit jufques dans fes ennemis. Toutes les fois qu'il avoit à parler de fes actions, & mefme dans les relations qu'il en envoyoit à la Cour, il vantoit les confeils de l'un, la hardieffe de l'autre, chacun avoit fon rang dans fes difcours ; & parmi ce qu'il donnoit à tout le monde, on ne fçavoit où placer ce qu'il avoit fait luy-mefme. Sans envie, fans fard, fans oftentation, toûjours grand dans l'action & dans le repos, il parut à Chantilly comme à la tefte des troupes. Qu'il embelliſt cette magnifique & délicieufe maifon, ou bien qu'il muniſt un camp au milieu du païs ennemi, & qu'il fortifiaſt une place ; qu'il marchaſt avec une armée parmi les périls, ou qu'il conduifiſt fes amis dans ces fuperbes allées au bruit de tant de jets d'eau qui ne fe taifoient ni jour ni nuit : c'eftoit toûjours le mefme homme, & fa gloire le fuivoit par tout. Qu'il eſt beau aprés les combats & le tumulte des armes, de fçavoir encore goufter ces vertus paifibles & cette gloire tranquille qu'on n'a point à partager avec le foldat non plus qu'avec la fortune : où tout charme, & rien n'é-blouït : qu'on regarde fans eftre étourdi ni par le fon des trompettes, ni par le bruit des canons, ni par les cris des bleffez : où l'homme paroiſt tout feul auffi grand, auffi refpecté que lors qu'il donne des ordres, & que tout marche à fa parole !

Venons maintenant aux qualitez de l'efprit ; & puifque pour noftre malheur, ce qu'il y a de plus fatal à la vie humaine, c'eft-à-dire l'art militaire, eſt en mefme temps ce qu'elle a de plus ingénieux & de plus habile, confidérons d'abord par cét endroit le grand génie de noſtre Prince. Et premierement, quel Général porta jamais plus loin ſa prévoyance? C'eſtoit une de ſes maximes, qu'il falloit craindre les ennemis de loin, pour ne les plus craindre de prés, & ſe réjoûïr à leur approche. Le voyez-vous comme il conſidere tous les avantages qu'il peut ou donner ou prendre? avec quelle vivacité il ſe met dans l'eſprit en un moment, les temps, les lieux, les perſonnes, & non ſeulement leurs intéreſts & leurs talens, mais encore leurs humeurs & leurs caprices? Le voyez-vous comme il compte la cavalerie & l'infanterie des ennemis, par le naturel des païs ou des Princes confédérez? Rien n'échappe à ſa prévoyance. Avec cette prodigieuſe compréhenſion de tout le détail & du plan univerſel de la guerre, on le voit toûjours attentif à ce qui ſurvient : il tire d'un deſerteur, d'un transfuge, d'un priſonnier, d'un paſſant, ce qu'il veut dire, ce qu'il veut taire, ce qu'il ſçait, & pour ainſi dire ce qu'il ne ſçait pas; tant il eſt ſeur dans ſes conſéquences. Ses partis luy rapportent juſqu'aux moindres choſes : on l'éveille à chaque moment; car il tenoit encore pour maxime, qu'un habile capitaine peut bien eſtre vaincu, mais qu'il ne luy eſt pas permis d'eſtre ſurpris. Auſſi luy devons-nous cette louange, qu'il ne l'a jamais eſté. A quelque heure & de quelque coſté que viennent les ennemis, ils le trouvent toûjours ſur ſes gardes; toûjours preſt à fondre ſur eux, & à prendre ſes avantages : comme une aigle qu'on voit toûjours, ſoit qu'elle vole au milieu des airs, ſoit qu'elle ſe poſe ſur le haut de quelque rocher, porter de tous coſtez des regards perçans, & tomber ſi ſeurement ſur ſa proye, qu'on ne peut éviter ſes ongles non plus que ſes yeux. Auſſi vifs eſtoient les regards, auſſi viſte & impétueuſe eſtoit l'attaque, auſſi fortes & inévitables eſtoient les mains du

Prince de Condé. En fon camp on ne connoift point les vaines terreurs, qui fatiguent & rebutent plus que les véritables. Toutes les forces demeurent entieres pour les vrais périls : tout eft preft au premier fignal ; & comme dit le Prophete, *Toutes les fleches font aiguifées, & tous les arcs font tendus.* En attendant on repofe d'un fommeil tranquille, comme on feroit fous fon toit & dans fon enclos. Que dis-je qu'on repofe ? A Piéton, prés de ce corps redoutable que trois puiffances réunies avoient affemblé, c'eftoit dans nos troupes de continuels divertiffemens : toute l'armée eftoit en joye, & jamais elle ne fentit qu'elle fuft plus foible que celle des ennemis. Le Prince par fon campement avoit mis en feûreté non feulement toute noftre frontiere & toutes nos places, mais encore tous nos foldats : il veille, c'eft affez. Enfin l'ennemi décampe ; c'eft ce que le Prince attendoit. Il part à ce premier mouvement : déjà l'armée Hollandoife avec fes fuperbes étendarts, ne luy échapera pas : tout nage dans le fang, tout eft en proye : mais Dieu fçait donner des bornes aux plus beaux deffeins. Cependant les ennemis font pouffez par tout. Oudenarde eft délivrée de leurs mains : pour les tirer eux-mefmes de celles du Prince, le Ciel les couvre d'un brouïllard épais : la terreur & la defertion fe met dans leurs troupes ; on ne fçait plus ce qu'eft devenuë cette formidable armée. Ce fut alors que Louis, qui aprés avoir achevé le rude fiege de Befançon, & avoir encore une fois réduit la Franche-Comté avec une rapidité inouïe, eftoit revenu tout brillant de gloire pour profiter de l'action de fes armées de Flandre & d'Allemagne, commanda ce détachement qui fit en Alface les merveilles que vous fcavez ; & parut le plus grand de tous les hommes, tant par les prodiges qu'il avoit faits en perfonne, que par ceux qu'il fit faire à fes Généraux.

Quoy-qu'une heureufe naiffance euft apporté de fi grands dons à noftre Prince, il ne ceffoit de l'enrichir par fes réfléxions. Les campemens de Céfar firent fon étude. Je me fouviens qu'il nous raviffoit, en nous racontant comme en Catalogne, dans les lieux où ce fameux capitaine par l'avantage des poftes contraignit cinq legions Romaines, & deux chefs expérimentez à pofer les armes fans combat ; luy-mefme il avoit efté reconnoiftre les rivieres & les montagnes qui fervirent à ce grand deffein : & jamais un fi digne maiftre n'avoit expliqué par de fi doctes leçons les Commentaires de Céfar. Les capitaines des fiecles futurs luy rendront un honneur femblable. On viendra étudier fur les lieux ce que l'hiftoire racontera du campement de Piéton, & des merveilles dont il fut fuivi. On remarquera dans celuy de Chatenoy l'éminence qu'occupa ce grand Capitaine, & le ruiffeau dont il fe couvrit fous le canon du retranchement de Seleftad. Là on luy verra méprifer l'Allemagne conjurée ; fuivre à fon tour les ennemis, quoy-que plus forts ; rendre leurs projets inutiles ; & leur faire lever le fiege de Saverne, comme il avoit fait un peu auparavant celuy de Haguenau. C'eft par de femblables coups, dont fa vie eft pleine, qu'il a porté fi haut fa réputation, que ce fera dans nos jours s'eftre fait un nom parmi les hommes, & s'eftre aquis un mérite dans les troupes, d'avoir fervi fous le Prince de Condé ; & comme un titre pour commander, de l'avoir veû faire.

Mais fi jamais il parut un homme extraordinaire, s'il parut eftre éclairé, & voir tranquillement toutes chofes : c'eft dans ces rapides momens d'où dépendent les victoires, & dans l'ardeur du combat. Par tout ailleurs il délibere ; docile il prefte l'oreille à tous les confeils : ici, tout fe préfente à la fois ; la multitude des objets ne le confond pas ; à l'inftant le parti eft pris ; il commande & il agit tout enfemble, & tout marche en concours & en feureté. Le diray-je? mais pourquoy craindre que la gloire d'un fi grand homme puiffe eftre diminuée par cét aveu ? Ce n'eft plus ces promptes faillies qu'il fçavoit fi vifte & fi agréablement réparer, mais enfin qu'on luy voyoit quelquefois dans les occafions ordinaires : vous diriez qu'il y a en luy un autre homme, à qui fa grande ame abandonne de moindres ouvrages où elle ne daigne fe mefler. Dans le feu, dans le choc, dans l'ébranlement, on voit naiftre tout-à-coup je ne fçay quoy de fi net, de fi pofé, de fi vif, de fi ardent, de fi doux, de fi agréable pour les fiens, de fi hautain & de fi menaçant pour les ennemis, qu'on ne fçait d'où luy peut venir ce mélange de qualitez fi contraires. Dans cette terrible journée, où aux portes de la ville & à la veuë de fes citoyens, le ciel fembla vouloir décider du fort de ce Prince ; où avec l'élite des troupes il avoit en tefte un Général fi preffant où il fe vit plus que jamais expofé aux caprices de la fortune : pendant que les coups venoient de tous coftez, ceux qui combatoient auprés de luy nous ont dit fouvent, que fi l'on avoit à traiter quelque grande affaire avec ce Prince, on euft pu choifir de ces momens où tout eftoit en feu autour de luy : tant fon efprit s'élevoit alors, tant fon ame leur paroiffoit éclairée comme d'en haut en ces terribles rencontres : femblable à ces hautes montagnes dont la cime au deffus des nuës & des tempeftes, trouve la férénité dans fa hauteur, & ne perd aucun rayon de la lumiere qui l'environne. Ainfi dans les plaines de Lens, nom agréable à la France, l'Archiduc contre fon deffein tiré d'un pofte invincible par l'apas d'un fuccés trompeur ; par un foudain mouvement du Prince qui luy oppofe des troupes fraifches à la place des troupes fatiguées, eft contraint à prendre la fuite. Ses vieilles troupes périffent; fon canon où il avoit mis fa confiance eft entre nos mains; & Bek qui l'avoit flaté d'une victoire affeurée, pris & bleffé dans le combat, vient rendre en mourant un trifte hommage à fon vainqueur par fon defefpoir. S'agit-il ou de fecourir ou de forcer une ville? le Prince fçaura profiter de tous les momens. Ainfi, au premier avis que le hazard luy porta d'un fiege important, il traverfe, trop promptement, tout un grand païs; & d'une premiere veûë il découvre un paffage affeuré pour le fecours, aux endroits qu'un ennemi vigilant n'a pu encore affez munir. Affiége-t-il quelque place? il invente tous les jours de nouveaux moyens d'en avancer la conquefte. On croit qu'il expofe les troupes: il les ménage en abrégeant le temps des périls par la vigueur des attaques. Parmi tant de coups furprenans, les Gouverneurs les plus courageux ne tiennent pas les promeffes qu'ils ont faites à leurs Généraux: Dunkerque eft pris en treize jours au milieu des pluyes de l'automne; & fes barques fi redoutées de nos alliez paroiffent tout-à-coup dans tout l'Ocean avec nos étendards.

Mais ce qu'un fage Général doit le mieux connoiftre, c'eft fes foldats & fes chefs. Car de là vient ce parfait concert qui fait agir les armées comme un feul corps, ou pour parler avec l'Ecriture, *comme un feul homme: Egreffus eft Ifraël tanquam vir unus*. Pourquoy comme un feul hommè? parce que fous un mefme chef, qui connoift & les foldats & les chefs comme fes bras & fes mains, tout eft également vif & mefuré. C'eft ce qui donne la victoire; & j'ay oüï dire à noftre grand Prince qu'à la journée de Nordlingue, ce qui l'affeuroit du fuccés, c'eft qu'il connoiffoit M. de Turenne, dont l'habileté confommée n'avoit befoin d'aucun ordre pour faire tout ce qu'il falloit. Celui-ci publioit de fon cofté qu'il agiffoit fans inquiétude, parce qu'il connoiffoit le Prince, & fes ordres toûjours feurs. C'eft ainfi qu'ils fe donnoient mutuellement un repos qui les appliquoit chacun tout entier à fon action : ainfi finit heureufement la bataille la plus hazardeufe & la plus difputée qui fut jamais.

 Ç'a été dans noftre fiecle un grand fpectacle, de voir dans le mefme temps & dans les mefmes campagnes, ces deux hommes que la voix commune de toute l'Europe égaloit aux plus grands capitaines des fiecles paffez : tantoft à la tefte de corps féparez ; tantoft unis plus encore par le concours des mefmes penfées, que par les ordres que l'inférieur recevoit de l'autre ; tantoft oppofez front à front, & redoublant l'un dans l'autre l'activité & la vigilance : comme fi Dieu, dont fouvent, felon l'Ecriture, la fageffe fe joûë dans l'univers, euft voulu nous les montrer en toutes les formes, & nous montrer enfemble tout ce qu'il peut faire des hommes. Que de campemens, que de belles marches, que de hardieffes, que de précautions, que de périls, que de reffources ! Vit-on jamais en deux hommes les mefmes vertus, avec des caracteres fi divers, pour ne pas dire fi contraires ? L'un paroift agir par des réfléxions profondes ; & l'autre par de foudaines illuminations : celui-ci par conféquent plus vif, mais fans que fon feu euft rien de précipité ; celui-là d'un air plus froid fans jamais rien avoir de lent, plus hardi à faire qu'à parler, réfolu & déterminé au dedans lors mefme qu'il paroiffoit embaraffé au dehors. L'un dés qu'il parut dans les armées donne une haute idée de fa valeur, & fait attendre quelque chofe d'extraordinaire ; mais toutefois s'avance par ordre, & vient comme par degrez aux prodiges qui ont fini le cours de fa vie : l'autre, comme un homme infpiré, dés fa premiere bataille s'égale aux maiſtres les plus conſommez. L'un par de vifs & continuels efforts force l'admiration du genre humain, & fait taire l'envie : l'autre jette d'abord une ſi vive lumiere, qu'elle n'oſoit l'attaquer. L'un enfin, par la profondeur de ſon génie & les incroyables reſſources de ſon courage, s'éleve au deſſus des plus grands périls, & ſçait meſme profiter de toutes les infidélitez de la fortune : l'autre, & par l'avantage d'une ſi haute naiſſance, & par ces grandes penſées que le ciel envoye, & par une eſpece d'inſtinct admirable dont les hommes ne connoiſſent pas le ſecret, ſemble né pour entraîner la fortune dans ſes deſſeins, & forcer les deſtinées. Et afin que l'on viſt toûjours dans ces deux hommes de grands caracteres, mais divers, l'un emporté d'un coup ſoudain meurt pour ſon païs, comme un Judas le Machabée ; l'armée le pleure comme ſon pere, & la Cour & tout le peuple gemit ; ſa pieté eſt loûée comme ſon courage, & ſa mémoire ne ſe flétrit point par le temps : l'autre élevé par les armes au comble de la gloire comme un David, comme luy meurt dans ſon lit en publiant les louanges de Dieu & inſtruiſant ſa famille ; & laiſſe tous les cœurs remplis tant de l'éclat de ſa vie que de la douceur de ſa mort. Quel ſpectacle de voir & d'étudier ces deux hommes, & d'apprendre de chacun d'eux toute l'eſtime que méritoit l'autre ! C'eſt ce qu'a veû noſtre ſiecle : & ce qui eſt encore plus grand, il a veû un Roy ſe ſervir de ces deux grands chefs, & profiter du ſecours du Ciel ; & aprés qu'il en eſt privé par la mort de l'un & les maladies de l'autre, concevoir de plus grands deſſeins, éxécuter de plus grandes choſes, s'élever au deſſus de luy-meſme, ſurpaſſer & l'eſpérance des ſiens, & l'attente de l'univers : tant eſt haut ſon courage, tant eſt vaſte ſon intelligence, tant ſes deſtinées ſont glorieuſes.

Voilà, Messieurs, les ſpectacles que Dieu donne à

l'univers; & les hommes qu'il y envoye quand il y veut faire éclater tantoſt dans une nation, tantoſt dans une autre, ſelon ſes conſeils éternels, ſa puiſſance ou ſa ſageſſe. Car ces divins attributs paroiſſent-ils mieux dans les cieux qu'il a formez de ſes doigts, que dans ces rares talens qu'il diſtribuë comme il luy plaiſt aux hommes extraordinaires ? Quel aſtre brille davantage dans le firmament, que le Prince de Condé n'a fait dans l'Europe ? Ce n'eſtoit pas ſeulement la guerre qui luy donnoit de l'éclat : ſon grand génie embraſſoit tout ; l'antique comme le moderne, l'hiſtoire, la philoſophie, la théologie la plus ſublime, & les arts avec les ſciences. Il n'y avoit livre qu'il ne leuſt : il n'y avoit homme excellent, ou dans quelque ſpéculation, ou dans quelque ouvrage, qu'il n'entretinſt : tous ſortoient plus éclairez d'avec luy, & réctifioient leurs penſées ou par ſes pénétrantes queſtions, ou par ſes réfléxions judicieuſes. Auſſi ſa converſation eſtoit un charme, parce qu'il ſçavoit parler à chacun ſelon ſes talens ; & non ſeulement aux gens de guerre de leurs entrepriſes, aux courtiſans de leurs intérêts, aux politiques de leurs négotiations, mais encore aux voyageurs curieux de ce qu'ils avoient découvert ou dans la nature ou dans le gouvernement ou dans le commerce, à l'artiſan de ſes inventions, & enfin aux ſçavans de toutes les ſortes de ce qu'ils avoient trouvé de plus merveilleux. C'eſt de Dieu que viennent ces dons : qui en doute ? Ces dons ſont admirables : qui ne le voit pas ? Mais pour confondre l'eſprit humain qui s'enorgueillit de tels dons, Dieu ne craint point d'en faire part à ſes ennemis. Saint Auguſtin conſidere parmi les payens tant de ſages, tant de conquerans, tant de graves legiſlateurs, tant d'excellens citoyens, un Socrate, un Marc-Aurele, un Scipion, un Céſar, un Aléxandre, tous privez de la connoiffance de Dieu, & exclus de fon royaume éternel. N'eft-ce donc pas Dieu qui les a faits? Mais quel autre les pouvoit faire, fi ce n'eft celuy qui fait tout dans le ciel & dans la terre? Mais pourquoy les a-t-il faits? & quels eftoient les deffeins particuliers de cette Sageffe profonde qui jamais ne fait rien en vain? Ecoutez la réponfe de Saint Auguftin. *Il les a faits*, nous dit-il, *pour orner le fiecle prefent: ut ordinem sæculi præfentis ornaret*. Il a fait dans les grands hommes ces rares qualitez, comme il a fait le foleil. Qui n'admire ce bel aftre? qui n'eft ravi de l'éclat de fon midi, & de la fuperbe parure de fon levé & de fon couché? Mais puis que Dieu le fait luire fur les bons & fur les mauvais, ce n'eft pas un fi bel objet qui nous rend heureux : Dieu l'a fait pour embellir & pour éclairer ce grand théatre du monde. De mefme, quand il a fait dans fes ennemis auffi-bien que dans fes ferviteurs, ces belles lumieres d'efprit, ces rayons de fon intelligence, ces images de fa bonté : ce n'eft pas pour les rendre heureux qu'il leur a fait ces riches préfens; c'eft une décoration de l'univers, c'eft un ornement du fiecle préfent. Et voyez la malheureufe deftinée de ces hommes qu'il a choifis pour eftre les ornemens de leur fiecle. Qu'ont-ils voulu ces hommes rares, finon des louanges & la gloire que les hommes donnent? Peut-eftre que pour les confondre, Dieu refufera cette gloire à leurs vains defirs? Non : il les confond mieux en la leur donnant, & mefme au-delà de leur attente. Cét Alexandre qui ne vouloit que faire du bruit dans le monde, y en fait plus qu'il n'auroit ofé efpérer. Il faut encore qu'il fe trouve dans tous nos panégyriques; & il femble par une efpece de fatalité glorieufe à ce conquerant, qu'aucun Prince ne puiffe recevoir de louanges qu'il ne les partage. S'il a fallu quelque récompenfe à ces grandes actions des

Romains, Dieu leur en a fceû trouver une convenable à leurs mérites comme à leurs defirs. Il leur donne pour récompenfe l'empire du monde, comme un préfent de nul prix : ô Rois, confondez-vous dans voftre grandeur : Conquerans, ne vantez pas vos victoires. Il leur donne pour récompenfe la gloire des hommes : récompenfe qui ne vient pas jufqu'à eux ; qui s'efforce de s'attacher, quoy ? peut-eftre à leurs médailles, ou à leurs ftatuës déterrées, reftes des ans & des Barbares ; aux ruines de leurs monumens & de leurs ouvrages qui difputent avec le temps ; ou pluftoft à leur idée, à leur ombre, à ce qu'on appelle leur nom. Voilà le digne prix de tant de travaux, & dans le comble de leurs vœux la conviction de leur erreur. Venez, raffafiez-vous, Grands de la terre : faififfez-vous, fi vous pouvez, de ce fantofme de gloire, à l'éxemple de ces grands hommes que vous admirez. Dieu qui punit leur orgueïl dans les enfers, ne leur a pas envié, dit Saint Auguftin, cette gloire tant defirée ; & *vains ils ont receû une récompenfe auffi vaine que leurs défirs. Receperunt mercedem fuam, vani vanam.*

Il n'en sera pas ainfi de noftre grand Prince : l'heure de Dieu eft venuë, heure attenduë, heure defirée, heure de miféricorde & de grace. Sans eftre averti par la maladie, fans eftre preffé par le temps, il éxecute ce qu'il méditoit. Un fage Religieux qu'il appelle exprés, regle les affaires de fa confcience : il obéït, humble Chreftien, a fa décifion ; & nul n'a jamais douté de fa bonne foy. Deflors auffi on le vit toûjours férieufement occupé du foin de fe vaincre foy-mefme, de rendre vaines toutes les attaques de fes infupportables douleurs, d'en faire par fa foumiffion un continuel facrifice. Dieu qu'il invoquoit avec foy, luy donna le gouft de fon Ecriture, & dans ce livre divin la folide nourriture de la piété.

Ses conseils se régloient plus que jamais par la justice : on y soulageoit la veuve & l'orphelin ; & le pauvre en approchoit avec confiance. Sérieux autant qu'agréable pere de famille, dans les douceurs qu'il goutoit avec ses enfans il ne cessoit de leur inspirer les sentimens de la véritable vertu ; & ce jeune Prince son petit-fils se sentira éternellement d'avoir esté cultivé par de telles mains. Toute sa maison profitoit de son éxemple. Plusieurs de ses domestiques avoient esté malheureusement nourris dans l'erreur, que la France toléroit alors : combien de fois l'a-t-on veu inquiété de leur salut, affligé de leur résistance, consolé par leur conversion? Avec quelle incomparable netteté d'esprit, leur faisoit-il voir l'antiquité & la vérité de la Religion Catholique? Ce n'estoit plus cét ardent vainqueur, qui sembloit vouloir tout emporter : c'estoit une douceur, une patience, une charité qui songeoit à gagner les cœurs, & à guérir des esprits malades. C'est, Messieurs, ces choses simples, gouverner sa famille, édifier ses domestiques, faire justice & miséricorde, accomplir le bien que Dieu veut, & souffrir les maux qu'il envoye ; c'est ces communes pratiques de la vie Chrestienne, que Jesus-Christ louera au dernier jour devant ses saints Anges, & devant son Pere céleste. Les histoires seront abolies avec les empires, & il ne se parlera plus de tous ces faits éclatans dont elles sont pleines. Pendant qu'il passoit sa vie dans ces occupations, & qu'il portoit au-dessus de ses actions les plus renommées la gloire d'une si belle & si pieuse retraite ; la nouvelle de la maladie de la Duchesse de Bourbon vint à Chantilli comme un coup de foudre. Qui ne fut frapé de la crainte de voir éteindre cette lumiere naissante ? On appréhenda qu'elle n'eust le sort des choses avancées. Quels furent les sentimens du Prince de Condé, lorsqu'il se vit menacé de perdre ce nouveau lien de fa famille avec la perfonne du Roy ! C'eft donc dans cette occafion que devoit mourir ce Héros ! celuy que tant de fieges & tant de batailles n'ont pu emporter, va périr par fa tendreffe ! Pénétré de toutes les inquiétudes que donne un mal affreux, fon cœur qui le foutient feul depuis fi long-temps, acheve à ce coup de l'accabler : les forces qu'il luy fait trouver, l'épuifent. S'il oublie toute fa foibleffe à la veûë du Roy qui approche de la Princeffe malade ; fi tranfporté de fon zele, & fans avoir befoin de fecours à cette fois, il accourt pour l'avertir de tous les perils que ce grand Roy ne craignoit pas, & qu'il l'empefche enfin d'avancer : il va tomber évanoûï à quatre pas ; & on admire cette nouvelle maniere de s'expofer pour fon Roy. Quoy-que la Ducheffe d'Anguien, Princeffe dont la vertu ne craignit jamais que de manquer à fa famille & à fes devoirs, euft obtenu de demeurer auprés de luy pour le foulager, la vigilance de cette Princeffe ne calme pas les foins qui le travaillent ; & aprés que la jeune Princeffe eft hors de péril, la maladie du Roy va bien caufer d'autres troubles à noftre Prince. Puis-je ne m'arrefter pas en cét endroit ! A voir la férénité qui reluifoit fur ce front augufte, euft-on foupçonné que ce grand Roy, en retournant à Verfailles, allaft s'expofer à ces cruelles douleurs, où l'Univers a connu fa piété, fa conftance, & tout l'amour de fes peuples ? De quels yeux le regardions-nous lors qu'aux dépens d'une fanté qui nous eft fi chere, il vouloit bien adoucir nos cruelles inquiétudes par la confolation de le voir ; & que maiftre de fa douleur comme de tout le refte des chofes, nous le voyions tous les jours non feulement régler fes affaires felon fa coutume, mais encore entretenir fa Cour attendrie, avec la mefme tranquillité qu'il luy fait paroiftre dans fes jardins enchantez! Beni foit-il de Dieu & des hommes, d'unir ainfi toûjours la bonté à toutes les autres qualitez que nous admirons! Parmi toutes fes douleurs, il s'informoit avec foin de l'état du Prince de Condé; & il marquoit pour la fanté de ce Prince une inquiétude qu'il n'avoit pas pour la fienne. Il s'affoibliffoit ce grand Prince, mais la mort cachoit fes approches. Lors qu'on le crut en meilleur état, & que le Duc d'Anguien, toûjours partagé entre les devoirs de fils & de fujet, eftoit retourné par fon ordre auprés du Roy, tout change en un moment, & on déclare au Prince fa mort prochaine. Chrestiens, foyez attentifs, & venez apprendre à mourir : ou pluftoft, venez apprendre à n'attendre pas la derniere heure pour commencer à bien vivre. Quoy, attendre à commencer une vie nouvelle, lors qu'entre les mains de la mort, glacez fous fes froides mains, vous ne fçaurez fi vous eftes avec les morts ou encore avec les vivans! Ha, prévenez par la pénitence cette heure de troubles & de ténebres! Par là, fans eftre étonné de cette derniere fentence qu'on luy prononça, le Prince demeure un moment dans le filence; & tout-à-coup, *O mon Dieu*, dit-il, *vous le voulez, voftre volonté foit faite : je me jette entre vos bras ; donnez-moy la grace de bien mourir.* Que defirez-vous davantage? Dans cette courte priere, vous voyez fa foumiffion aux ordres de Dieu, l'abandon à fa providence, la confiance en fa grace, & toute la piété. Deflors auffi, tel qu'on l'avoit veû dans tous fes combats, réfolu, paifible, occupé fans inquiétude de ce qu'il falloit faire pour les foutenir : tel fut-il à ce dernier choc ; & la mort ne luy parut pas plus affreufe, pafle & languiffante, que lors qu'elle fe préfente au milieu du feu fous l'éclat de la victoire qu'elle montre feule. Pendant que les fanglots éclatoient de toutes parts, comme fi un autre que luy en euſt eſté le ſujet, il continuoit à donner ſes ordres ; & s'il défendoit les pleurs, ce n'eſtoit pas comme un objet dont il fuſt troublé, mais comme un empeſchement qui le retardoit. A ce moment, il étend ſes ſoins juſqu'aux moindres de ſes domeſtiques. Avec une libéralité digne de ſa naiſſance & de leurs ſervices, il les laiſſe comblez de ſes dons, mais encore plus honorez des marques de ſon ſouvenir. Comme il donnoit des ordres particuliers & de la plus haute importance, puis qu'il y alloit de ſa conſcience & de ſon ſalut éternel, averti qu'il falloit écrire & ordonner dans les formes : quand je devrois, Monseigneur, renouveller vos douleurs, & rouvrir toutes les playes de voſtre cœur, je ne tairay pas ces paroles qu'il répéta ſi ſouvent : qu'il vous connoiſſoit, qu'il n'y avoit ſans formalité qu'à vous dire ſes intentions ; que vous iriez encore au-delà, & ſuppléeriez de vous-meſme à tout ce qu'il pourroit avoir oublié. Qu'un Pere vous ait aimé, je ne m'en étonne pas ; c'eſt un ſentiment que la nature inſpire : mais qu'un Pere ſi éclairé vous ait témoigné cette confiance juſqu'au dernier ſoupir, qu'il ſe ſoit repoſé ſur vous de choſes ſi importantes, & qu'il meure tranquillement ſur cette aſſeûrance, c'eſt le plus beau témoignage que voſtre vertu pouvoit remporter ; & malgré tout voſtre mérite, Vostre Altesse n'aura de moy aujourd'hui que cette louange.

Ce que le Prince commença en ſuite pour s'aquiter des devoirs de la Religion, mériteroit d'eſtre raconté à toute la terre : non à cauſe qu'il eſt remarquable ; mais à cauſe, pour ainſi dire, qu'il ne l'eſt pas, & qu'un Prince ſi expoſé à tout l'univers ne donne rien aux ſpectateurs. N'attendez donc pas, Messieurs, de ces magnifiques paroles qui ne ſervent qu'à faire connoiſtre, ſinon un orgueil caché, du moins les efforts d'une ame

agitée, qui combat ou qui diffimule fon trouble fecret.
Le Prince de Condé ne fçait ce que c'eft que de prononcer
de ces pompeufes fentences; & dans la mort,
comme dans la vie, la vérité fit toûjours toute fa grandeur.
Sa confeffion fut humble, pleine de componction
& de confiance. Il ne luy fallut pas long-temps pour la
préparer : la meilleure préparation pour celle des derniers
temps, c'eft de ne les attendre pas. Mais, Messieurs,
preftez l'oreille à ce qui va fuivre. A la veuë du
faint Viatique qu'il avoit tant defiré, voyez comme il
s'arrefte fur ce doux objet. Alors il fe fouvint des irrévérences,
dont, helas, on deshonore ce divin myftere! Les
Chreftiens ne connoiffent plus la fainte frayeur dont
on eftoit faifi autrefois à la veuë du facrifice. On diroit
qu'il euft ceffé d'eftre terrible, comme l'appelloient les
faints Peres; & que le fang de noftre Victime n'y coule
pas encore auffi véritablement que fur le Calvaire.
Loin de trembler devant les autels, on y méprife
Jesus-Christ préfent; & dans un temps où tout un
royaume fe remuë pour la converfion des hérétiques,
on ne craint point d'en autorifer les blafphêmes. Gens du
monde, vous ne penfez pas à ces horribles profanations :
à la mort vous y penferez avec confufion & faififfement.
Le Prince fe reffouvint de toutes les fautes qu'il avoit
commifes; & trop foible pour expliquer avec force ce
qu'il en fentoit, il emprunta la voix de fon Confeffeur
pour en demander pardon au monde, à fes domeftiques,
& à fes amis. On luy répondit par des fanglots : ha,
répondez-luy maintenant en profitant de cét éxemple !
Les autres devoirs de la religion furent accomplis
avec la mefme piété & la mefme préfence d'efprit.
Avec quelle foy, & combien de fois pria-t-il le Sauveur
des ames, en baifant fa Croix, que fon Sang répandu
pour luy ne le fuft pas inutilement ? C'eft ce qui juftifie

le pécheur; c'eſt ce qui ſoutient le juſte ; c'eſt ce qui
raſſeûre le Chreſtien. Que diray-je des ſaintes prieres
des agonizans, où dans les efforts que fait l'Egliſe on
entend ſes vœux les plus empreſſez, & comme les derniers cris par où cette ſainte mere acheve de nous enfanter à la vie céleſte ! Il ſe les fit répéter trois fois, &
il y trouva toûjours de nouvelles conſolations. En re-
merciant ſes médecins, *Voilà*, dit-il, *maintenant mes
vrais médecins :* il montroit les Eccléſiaſtiques dont il
écoutoit les avis, dont il continuoit les prieres ; les
Pſeaumes toûjours à la bouche, la confiance toûjours
dans le cœur. S'il ſe plaignit, c'eſtoit ſeulement
d'avoir ſi peu à ſouffrir pour expier ſes péchez : ſenſible
juſques à la fin à la tendreſſe des ſiens, il ne s'y laiſſa
jamais vaincre ; & au contraire il craignoit toûjours de
trop donner à la nature. Que diray-je de ſes derniers entretiens avec le Duc d'Anguien ? Quelles couleurs aſſez
vives pourroient vous repréſenter & la conſtance du Pere
& les extrêmes douleurs du Fils ? D'abord le viſage en
pleurs, avec plus de ſanglots que de paroles, tantoſt la
bouche collée ſur ces mains victorieuſes & maintenant
défaillantes, tantoſt ſe jettant entre ces bras & dans ce
ſein paternel, il ſemble par tant d'efforts vouloir retenir
ce cher objet de ſes reſpects & de ſes tendreſſes. Les
forces luy manquent : il tombe à ſes pieds. Le Prince ſans
s'émouvoir, luy laiſſe reprendre ſes eſprits : puis appellant
la Ducheſſe ſa belle-fille qu'il voyoit auſſi ſans parole &
preſque ſans vie, avec une tendreſſe qui n'eut rien de
foible il leur donne ſes derniers ordres où tout reſpi-
roit la piété. Il les finit en les beniſſant avec cette foy
& avec ces vœux que Dieu exauce ; & en béniſſant
avec eux, ainſi qu'un autre Jacob, chacun de leurs
enfans en particulier : & on vit de part & d'autre tout
ce qu'on affoiblit en le répétant. Je ne vous oublieray

pas, ô Prince fon cher neveu, & comme fon fecond fils, ni le glorieux témoignage qu'il a rendu conftamment à voftre mérite, ni fes tendres empreffemens & la lettre qu'il évrivit en mourant pour vous rétablir dans les bonnes graces du Roy, le plus cher objet de vos vœux; ni tant de belles qualitez qui vous ont fait juger digne d'avoir fi vivement occupé les dernieres heures d'une fi belle vie. Je n'oublieray pas non plus les bontez du Roy qui prévinrent les defirs du Prince mourant, ni les généreux foins du Duc d'Anguien qui ménagea cette grace ; ni le gré que luy fceût le Prince d'avoir efté fi foigneux en luy donnant cette joye d'obliger un fi cher parent. Pendant que fon cœur s'épanche, & que fa voix fe ranime en louant le Roy, le Prince de Conti arrive pénétré de reconnoiffance & de douleur. Les tendreffes fe renouvellent : les deux Princes ouïrent enfemble ce qui ne fortira jamais de leur cœur : & le Prince conclut, en leur confirmant qu'ils ne feroient jamais ni grands hommes, ni grands princes, ni honneftes gens, qu'autant qu'ils feroient gens de bien, fideles à Dieu & au Roy. C'eft la derniere parole qu'il laiffa gravée dans leur mémoire ; c'eft avec la derniere marque de fa tendreffe, l'abregé de leurs devoirs. Tout retentiffoit de cris, tout fondoit en larmes : le Prince feul n'eftoit pas émeu, & le trouble n'arrivoit pas dans l'afile où il s'eftoit mis. O Dieu, vous eftiez fa force, fon inébranlable refuge, &, comme difoit David, ce ferme rocher où s'appuyoit fa conftance ! Puis-je taire durant ce temps ce qui fe faifoit à la Cour & en la préfence du Roy ? Lors qu'il y fit lire la derniere lettre que luy écrivit ce grand homme, & qu'on y vit dans les trois temps que marquoit le Prince, fes fervices qu'il y paffoit fi légèrement au commencement & à la fin de fa vie, & dans le milieu fes fautes dont il faifoit une fi fincére reconnoiffance : il n'y eut cœur qui ne s'attendrit à l'entendre parler de luy-mefme avec tant de modeftie ; & cette lecture fuivie des larmes du Roy fit voir ce que les héros fentent les uns pour les autres. Mais lors qu'on vint à l'endroit du remerciment, où le Prince marquoit qu'il mouroit content, & trop heureux d'avoir encore affez de vie pour témoigner au Roy fa reconnoiffance, fon dévouëment, & s'il l'ofoit dire, fa tendreffe : tout le monde rendit témoignage à la vérité de fes fentimens ; & ceux qui l'avoient oüï parler fi fouvent de ce grand Roy dans fes entretiens familiers, poùvoient affeurer que jamais ils n'avoient rien entendu ni de plus refpectueux & de plus tendre pour fa perfonne facrée, ni de plus fort pour célébrer fes vertus royales, fa piété, fon courage, fon grand génie, principalement à la guerre, que ce qu'en difoit ce grand Prince avec auffi peu d'éxagération que de flaterie. Pendant qu'on luy rendoit ce beau témoignage, ce grand homme n'eftoit plus. Tranquille entre les bras de fon Dieu où il s'eftoit une fois jetté, il attendoit fa miféricorde & imploroit fon fecours, jufqu'à ce qu'il ceffa enfin de refpirer & de vivre. C'eft ici qu'il faudroit laiffer éclater fes juftes douleurs à la perte d'un fi grand homme : mais pour l'amour de la vérité, & la honte de ceux qui la méconnoiffent, écoutez encore ce beau témoignage qu'il luy rendit en mourant. Averti par fon Confeffeur que fi noftre cœur n'eftoit pas encore entierement felon Dieu, il falloit, en s'adreffant à Dieu mefme, obtenir qu'il nous fift un cœur comme il le vouloit, & luy dire avec David ces tendres paroles, *O Dieu, créez en moy un cœur pur* : à ces mots le Prince s'arrefte comme occupé de quelque grande penfée ; puis appellant le faint Religieux qui luy avoit infpiré ce beau fentiment, *Je n'ay jamais douté,* dit-il, *des myfteres de la Religion, quoy qu'on ait dit.* Chreftiens, vous l'en devez croire; & dans l'eſtat où il eſt, il ne doit plus rien au monde que la vérité. *Mais, pourſuivit-il, j'en doute moins que jamais. Que ces véritez*, continuoit-il avec une douceur raviſſante, *ſe démeſlent, & s'éclairciſſent dans mon eſprit. Oüi*, dit-il, *nous verrons Dieu comme il eſt, face à face*. Il répétoit en latin avec un gouſt merveilleux ces grands mots : *Sicuti eſt, facie ad faciem;* & on ne ſe laſſoit point de le voir dans ce doux tranſport. Que ſe faiſoit-il dans cette ame? quelle nouvelle lumiere luy apparoiſſoit ? quelle ſoudain rayon perçoit la nuë, & faiſoit comme évanoüir en ce moment avec toutes les ignorances des ſens, les ténebres meſmes, ſi je l'oſe dire, & les ſaintes obſcuritez de la Foy ? Que devinrent alors ſes beaux titres dont noſtre orgueïl eſt flaté ? Dans l'approche d'un ſi beau jour, & dés la premiere atteinte d'une ſi vive lumiere, combien promptement diſparoiſſent tous les fantoſmes du monde! que l'éclat de la plus belle victoire paroiſt ſombre! qu'on en mépriſe la gloire, & qu'on veut de mal à ces foibles yeux qui s'y ſont laiſſez éblouir! Venez, Peuples, venez maintenant; mais venez pluſtoſt, Princes & Seigneurs ; & vous qui jugez la terre, & vous qui ouvrez aux hommes les portes du ciel; & vous plus que tous les autres, Princes & Princeſſes, nobles rejettons de tant de Rois, lumieres de la France, mais aujourd'hui obſcurcies & couvertes de voſtre douleur comme d'un nuage : venez voir le peu qui nous reſte d'une ſi auguſte naiſſance, de tant de grandeur, de tant de gloire. Jettez les yeux de toutes parts : voilà tout ce qu'a pû faire la magnificence & la piété pour honorer un héros : des titres, des inſcriptions, vaines marques de ce qui n'eſt plus; des figures qui ſemblent pleurer autour d'un tombeau, & des fragiles images d'une douleur que le temps emporte avec tout le reſte; des colonnes qui femblent vouloir porter jufqu'au ciel le magnifique témoignage de noftre néant : & rien enfin ne manque dans tous ces honneurs, que celuy à qui on les rend. Pleurez donc fur ces foibles reftes de la vie humaine, pleurez fur cette trifte immortalité que nous donnons aux héros. Mais approchez en particulier, ô vous qui courez avec tant d'ardeur dans la carriere de la gloire, Ames guerrieres & intrépides. Quel autre fut plus digne de vous commander? mais dans quel autre avez-vous trouvé le commandement plus honnefte? Pleurez donc ce grand Capitaine, & dites en gémiffant : Voilà celuy qui nous menoit dans les hazards; fous luy fe font formez tant de renommez capitaines que fes éxemples ont élevez aux premiers honneurs de la guerre : fon ombre euft pû encore gagner des batailles; & voilà que dans fon filence fon nom mefme nous anime, & enfemble il nous avertit que pour trouver à la mort quelque refte de nos travaux, & n'arriver pas fans reffource à noftre éternelle demeure, avec le Roy de la terre il faut encore fervir le Roy du Ciel. Servez donc ce Roy immortel & fi plein de miféricorde, qui vous comptera un foupir & un verre d'eau donné en fon nom, plus que tous les autres ne feront jamais tout voftre fang répandu ; & commencez à compter le temps de vos utiles fervices du jour que vous vous ferez donnez à un maiftre fi bienfaifant. Et vous, ne viendrez-vous pas à ce trifte monument, vous, dis-je, qu'il a bien voulu mettre au rang de fes amis ? Tous enfemble, en quelque degré de fa confiance qu'il vous ait receûs, environnez ce tombeau; verfez des larmes avec des prieres ; & admirant dans un fi grand Prince une amitié fi commode & un commerce fi doux, confervez le fouvenir d'un héros dont la bonté avoit égalé le courage. Ainfi puiffe-t'il toûjours vous eftre un cher entretien; ainsi puissiez-vous profiter de ses vertus : & que sa mort, que vous déplorez, vous serve à la fois de consolation & d'éxemple. Pour moy, s'il m'est permis aprés tous les autres, de venir rendre les derniers devoirs à ce tombeau, ô PRINCE, le digne sujet de nos louanges & de nos regrets, vous vivrez éternellement dans ma mémoire : vostre image y sera tracée, non point avec cette audace qui promettoit la victoire ; non, je ne veux rien voir en vous de ce que la mort y efface. Vous aurez dans cette image des traits immortels : je vous y verray tel que vous estiez à ce dernier jour sous la main de Dieu, lors que sa gloire sembla commencer à vous apparoistre. C'est là que je vous verray plus triomphant qu'à Fribourg & à Rocroy ; & ravi d'un si beau triomphe, je diray en actions de graces ces belles paroles du bienaimé Disciple : *Et hæc est victoria quæ vincit mundum, fides nostra* : *La véritable victoire, celle qui met sous nos pieds le monde entier, c'est nostre Foy*. Jouïssez, PRINCE, de cette victoire, jouïssez-en éternellement par l'immortelle vertu de ce sacrifice. Agréez ces derniers efforts d'une voix qui vous fut connuë. Vous mettrez fin à tous ces discours. Au lieu de déplorer la mort des autres, GRAND PRINCE, dorénavant je veux apprendre de vous à rendre la mienne sainte : heureux, si averti par ces cheveux blancs du compte que je dois rendre de mon administration, je réserve au troupeau que je dois nourrir de la parole de vie, les restes d'une voix qui tombe, & d'une ardeur qui s'éteint.

# TABLE DES MATIÈRES

Oraifon funèbre de LA REINE D'ANGLETERRE . . . . . .   1
     —      de MADAME, DUCHESSE D'ORLÉANS. . .  37
     —      de MARIE THÉRÈSE D'AUTRICHE . . .  71
     —      de LA PRINCESSE PALATINE. . . . . . 111
     —      de MICHEL LE TELLIER . . . . . . . . 149
     —      du PRINCE DE CONDÉ . . . . . . . . . . 189

Paris. — Imprimerie Motteroz, rue du Dragon. 31.

www.ingramcontent.com/pod-product-compliance
Lightning Source LLC
Chambersburg PA
CBHW070533170426
43200CB00011B/2409